Klaus Malle

•

Top oder Flop

Klaus Malle

Top oder Flop

Herausforderungen und Chancen für österreichische Unternehmen in der multipolaren Welt

Linde
populär

Bibliografische Information Der Deutschen Bibliothek
Die Deutsche Bibliothek verzeichnet diese Publikation in der Deutschen Nationalbibliografie; detaillierte bibliografische Daten sind im Internet über http://dnb.ddb.de abrufbar.

ISBN 978-3-7093-0262-0

In diesem Buch wird aus Raumgründen stets nur die männliche Form verwendet, die weibliche ist jedoch immer mitgemeint.

1210 Wien, Scheydgasse 24, Tel.: +43/1/24 630
www.lindeverlag.at

Umschlag: buero8
Satz: deleatur (www.deleatur.com)
Druck: Hans Jentzsch & Co. GmbH., 1210 Wien, Scheydgasse 31
1

Inhalt

Einleitung: Top oder Flop – Österreich kann sich entscheiden

Wir befinden uns inmitten einer gigantischen und faszinierenden ökonomischen Umwälzung. Die erste Phase der Globalisierung, in der die Länder der alten „Triade" – also Japan, USA und die westliche Europäische Union – die Weltmärkte beherrschten, ist unwiederbringlich vorbei: Die Welt wird multipolar, und das mit großer Rasanz. Getrieben von einer historisch beispiellosen Liberalisierung des Welthandels, der Dynamik multinationaler Großkonzerne und revolutionären Anwendungen in der Informations- und Kommunikationstechnologie verschieben sich vertraute Koordinaten und Machtverhältnisse. Bereits derzeit werden 45,3 Prozent des globalen Bruttoinlandsprodukts (BIP) in den aufstrebenden Märkten der Pazifikregion, Südamerikas und Osteuropas erwirtschaftet (Stand 2008) und im Jahr 2025 werden fünf der zehn weltgrößten Volkswirtschaften den heutigen Schwellenländern angehören. Neben den alten Industrieländern entwickeln sich viele neue Pole wirtschaftlicher und politischer Macht: China, Indien, Russland, Brasilien, Südkorea, Mexiko, die Golfstaaten und etliche mehr. Nichts ist mehr, wie es noch vor ein paar Jahren war.

Die aktuelle Wirtschafts- und Finanzkrise beschleunigt diesen dramatischen Veränderungsprozess zusätzlich, die neuen Herausforderungen werden noch schneller und massiver für Unternehmen, Politik und jeden einzelnen Menschen spürbar: Mit Island oder der Ukraine stehen ganze Staaten vor dem Bankrott; mit Ford, GM und Chrysler rutscht die komplette amerikanische Autoindustrie in den Abgrund – und Seite an Seite mit den USA und Japan sind die Länder der EU in eine tief greifende Rezession geschlittert.

Damit nicht genug: Auch die asiatischen Boomregionen werden von den globalen Wirbelstürmen heftig durchgeschüttelt. Peking schließt Dutzende Fabriken, denen die Auslandsaufträge weggebrochen sind – und stemmt sich mit einem Konjunkturprogramm von umgerechnet 1,2 Billionen Euro gegen den Abwärtssog. In Indien muss der Tata-Konzern, der eben noch mit dem Kauf der westlichen Premiummarken Landrover und Jaguar für Furore sorgte, seine ehrgeizigen Expansionspläne zusammenstreichen. Selbst die Gas- und Ölmagnaten in Russland oder Arabien klagen über drastische Finanzierungsprobleme und stellen zumindest ihre protzigsten Bauprojekte zurück. Denn die Wirtschaftskrise lässt die Energie- und Rohstoffpreise ebenfalls abstürzen; dabei schienen sämtliche Konjunkturdaten noch wenige Quartale vorher nur eine Richtung zu kennen: steil bergauf.

Die USA, Europa und Japan werden zweifellos einige Zeit brauchen, um sich wieder aus dem tiefen Tal der Rezession herauszuarbeiten. Auch die aufstrebenden Länder in Lateinamerika und Asien sind von der Krise stark betroffen. Dennoch: Anstatt die weltweite Verflechtung und die globale Machtverschiebung auszubremsen, beschleunigen Bankensterben, Börsenbeben und deren realwirtschaftliche Folgen wie im Zeitraffer die zweite Phase der Globalisierung – die Entstehung einer multipolaren Welt, in der sich die alten und die neuen Wirtschaftsmächte bald auf Augenhöhe gegenüberstehen.

Wie China, Indien & Co. durch die Krise noch stärker werden

Als Folge der aktuellen Krise wird sich das Wirtschaftswachstum in China von hitzigen 11 Prozent im Durchschnitt der Jahre 2005 bis 2007 zwischenzeitlich auf voraussichtlich 7 Prozent abkühlen – möglicherweise sogar noch stärker. Auch Indien rechnet für 2009/2010 mit einer Verlangsamung seines Wachstums auf „nur noch" 5 bis 6,5 Prozent, nachdem das Bruttoinlandsprodukt des Subkontinents in den letzten Jahren um durchschnittlich gut 9 Prozent zugenommen hat (Stand Anfang 2009). Und es könnte durchaus sein, dass diese Daten im Laufe des Jahres 2009 noch weiter nach unten korrigiert werden. Doch selbst dann wären es aus „triadischer" Sicht absolute Traumwerte, welche die Volkswirtschaften in Nordamerika oder Westeuropa seit einem halben Jahrhundert nicht mehr erreicht haben. Denn in den westlichen Ländern sind die Märkte gesättigt, die Bevölkerung ist überaltert und schrumpft, während in Staaten wie Indien oder Indonesien, Brasilien oder Mexiko die Einwohnerzahl und damit auch die Konsumentenmärkte noch jahrzehntelang explosiv wachsen werden.

Die kräftige Krisendelle in ihrem Wachstum werden etliche Länder der neuen Boomregionen nutzen, um die überfällige Modernisierung ihrer maroden und überlasteten Infrastruktur voranzutreiben. Die für den Neu- und Ausbau von Straßen und Schienenwegen, Häfen und Flughäfen erforderlichen Milliardenbudgets vermögen China oder Brasilien durchaus zu stemmen. Auf westliches Investitionskapital sind diese Länder heute weit weniger angewiesen als noch vor einigen Jahrzehnten – auch wenn die derzeitige panikgetriebene Kapitalflucht in Richtung USA und Westeuropa sie kurzfristig trifft. Denn anders als in den überschuldeten westlichen Ländern sind die staatlichen Kassen in Peking oder Moskau, Singapur oder Seoul gut gefüllt. Das zeigt schon das gigantische Konjunkturprogramm, mit dem China das Land modernisieren und den Wachstumsmotor wieder auf höhere Drehzahlen bringen will.

Das Reich der Mitte, vor einer Generation noch eine der ärmsten Regionen der Erde, verfügt heute über Devisenreserven von rund 2 Billionen US-Dollar. Ungefähr ebenso viel hinterließ US-Präsident George W. Bush seinem Nachfolger Barack Obama – als Staatsdefizit.

Auch der Weltfinanzgipfel wird multipolar

Nicht nur wirtschaftlich, auch politisch zeigt sich die globale Machtverschiebung mehr und mehr. Am Weltfinanzgipfel, der Ende 2008 eilends nach Washington einberufen wurde, nahmen erstmals auch die „führenden Schwellenländer" teil. Aus dem abgeschotteten G7-Zirkel, der jahrzehntelang allein die Spielregeln des globalen Finanz- und Wirtschaftssystems bestimmte, sind 20 Staaten aus aller Welt geworden, darunter China und Indien, Russland und Südkorea, Brasilien und Mexiko – ein sichtbares Zeichen, dass die Vorherrschaft der alten Triade mit dem Kollaps der Wall Street vollends zerbröckelt ist.

Denn die Staatskapitalisten aus Peking, die russischen Gas- oder die brasilianischen Agrarmagnaten sitzen nicht etwa als Bittsteller am Katzentisch. Vielmehr werden sie von den alten Industriemächten umschmeichelt, damit sie zur Rettung der Weltwirtschaft ihre Schatzkammern öffnen. Jahrzehntelang haben die USA, Japan und die „alte" Europäische Union zusammen den Internationalen Währungsfonds (IWF) nach Belieben dominiert: Der weit überwiegende Teil der Milliarden, die der Fonds bei früheren Krisen zur Rettung notleidender Mitgliedsstaaten ausgeschüttet hat, stammte aus den Budgets der „Großen Sieben". Doch von den alten Industrienationen verfügt heute einzig Japan noch über beträchtliche Dollarreserven – und selbst die nahezu 1 Billion US-Dollar, die Tokio für schlechte Zeiten zur Seite gelegt hat, würde nicht annähernd reichen, um die wachsende Zahl krisengeschüttelter Länder vor dem Bankrott zu retten.

Aus eigener Kraft vermögen die Champions von gestern die Folgen des globalen Hagelschlags nicht mehr zu kurieren. Und schon aus eigenem Interesse können und werden die neureichen Player aus Asien und Arabien, Russland und Lateinamerika ihren Beistand nicht versagen. Denn gerade Globalisierungsgewinner wie China oder Brasilien würden unter einer länger anhaltenden weltweiten Rezession besonders leiden – mit unabsehbaren Folgen für die innere Stabilität dieser Länder, deren soziale Gegensätze einzig durch das Versprechen wachsenden Wohlstands für alle gemildert werden. Zudem liegen in den Palästen am Golf und im Kreml, in staatlichen Investitionsfonds in Peking, Seoul oder Singapur Devisenreserven von wenigstens 2,6 Billionen US-Dollar bereit. Doch für die Nothilfe aus den Tresoren der Newcomer muss die alte Triade einen schmerzhaften Preis entrichten: Ob im IWF, in der UNO oder anderen internationalen Gremien – überall verschieben sich derzeit die Gewichte zugunsten der neuen Mächte.

Österreichs Risiken und Chancen

Wie jede tief greifende Veränderung birgt die gegenwärtige Krise große Risiken, aber auch gewaltige Chancen. Bereits aus der ersten Phase der Globalisierung sind viele westliche Unternehmen und Volkswirtschaften gestärkt hervorgegangen – trotz wachsenden Wettbewerbsdrucks und trotz horrender Lohnkosten an den heimischen Standorten. Andere Länder und ihre Unternehmen dagegen haben es versäumt, sich rechtzeitig auf die neuen Herausforderungen einzustellen, und mit Verlusten an Wirtschaftskraft und Wohlstand, an Marktanteilen und Arbeitsplätzen dafür bezahlt.

Österreich und viele seiner führenden Unternehmen – etwa der Energiekonzern OMV oder der Ziegelhersteller Wienerberger – gehören eindeutig zu den Gewinnern dieser ersten Phase der Globalisierung. Jetzt aber trifft die Finanz- und Wirtschaftskrise unser Land und etliche seiner bislang überaus erfolgreichen Betriebe besonders hart. Denn seit dem Fall des Eisernen Vorhangs haben Österreichs Vorzeigeunternehmen vor allem vom Wiedergewinn des traditionellen österreichischen Regionalmarkts in Mittel- und Osteuropa profitiert. Deshalb steht Österreich heute im internationalen Vergleich weit besser da als noch vor zwei Jahrzehnten: Die Wirtschaftskraft ist mit durchschnittlich 3 Prozent während der letzten fünf Jahre deutlich stärker als der EU-Durchschnitt gewachsen. Das Pro-Kopf-Einkommen ist 2004 bis 2008 um durchschnittlich 4 Prozent pro Jahr gestiegen. Mit 4,4 Prozent im Jahr 2007 und 4 Prozent im vierten Quartal des Jahres 2008 lag die Arbeitslosenrate viel niedriger als Anfang der 1990er Jahre (1993: 6,8 Prozent). Österreich hat 2007 fast 58 Prozent seines Bruttoinlandsprodukts jenseits der Landesgrenzen erwirtschaftet – und damit sogar deutlich mehr als der Exportweltmeister Deutschland (46 Prozent).

Doch die eindrucksvolle Bilanz hat einen Schönheitsfehler: Gerade Länder wie Ungarn, die Ukraine oder Rumänien, in denen Österreichs Unternehmen in den letzten Jahrzehnten besonders erfolgreich waren, wurden von der gegenwärtigen Krise besonders hart getroffen. Die Regierungen in Budapest und Kiew sind nahezu bankrott und in Bukarest oder Sofia ist der Boom auf mittlere Sicht ebenfalls vorbei. In den Märkten Südostasiens und Lateinamerikas dagegen, die nach dem krisenbedingten Downturn umso rasanter weiter wachsen werden, sind Österreichs multinationale Unternehmen bislang sehr viel weniger präsent.

Damit ist auch klar, vor welcher Herausforderung unser Land in der gegenwärtigen Krise steht: Der Staat, die Unternehmen und jeder Einzelne müssen schleunigst alle erforderlichen Änderungen angehen, um sich für die zweite Phase der Globalisierung fit zu machen. In der multipolaren Welt haben sich die bisherigen Champions aus den USA, Westeuropa und Japan der bestens gerüsteten Konkurrenz aus den neuen Boomregionen zu erwehren – auch auf ihren eigenen Heimatmärkten, auf denen die neuen Wettbewerber durch Billigangebote, aber auch durch die Akquisition westlicher Firmen und Marken mehr und mehr an Boden gewinnen. Doch ebenso bieten die neuen Konsumentenmärkte in China und Indien, Russland oder Indonesien beträchtliche Gewinn- und Wachstumschancen für Unternehmen, welche die Spielregeln der multipolaren Welt beherrschen.

Was genau muss sich in Österreich ändern, damit Staat und Wirtschaft auch in der multipolaren Welt ganz vorn mitspielen können? Wo ist die Politik hierzulande schon auf dem richtigen Weg? Welche Aufgaben muss der Staat darüber hinaus angehen, damit unser Land für ausländische Investoren attraktiver wird und Österreichs Unternehmen auf den schwierigen Märkten in Asien und Lateinamerika noch wettbewerbsfähiger werden? Welche österreichischen Unternehmen können sich schon derzeit mit den multipolaren Champions messen – und was können andere, die noch nicht so weit sind, von ihnen lernen? Und nicht zuletzt: Was können und sollten wir als Einzelne, als Individuen tun, um für die Herausforderungen der Arbeitswelt im multipolaren Zeitalter gerüstet zu sein? Dieses Buch will Antworten auf diese für unser Land so wichtigen Fragen geben.

Alte und neue Wirtschaftsmächte im multipolaren Fünfkampf

Im ersten Kapitel wird zunächst skizziert, wie es zur Globalisierung gekommen ist und was es bedeutet, dass die Weltwirtschaft in der gegenwärtigen zweiten Globalisierungsphase multipolar wird. Vorgestellt werden die wichtigsten neuen Wirtschaftsmächte: China und Indien, Brasilien und Russland, Mexiko, Südkorea und die Golfstaaten. Ihr Aufstieg wurde möglich durch die drei großen Trends der letzten Jahrzehnte: die Liberalisierung des Welthandels, das Heranwachsen multinationaler Konzerne und die digitale Revolution im Bereich der Informations- und Kommunikationstechnologie. Diese drei Wegbereiter und die Voraussetzungen der Globalisierung werden in ihren wichtigsten Aspekten nachgezeichnet.

Danach geht es um die Konsequenzen dieser Entwicklung. Der globale Wettbewerb von Unternehmen aus den alten Industrie- und den neuen Boomregionen findet heute vornehmlich auf fünf Gebieten statt: als Konkurrenz um die besten Arbeitskräfte, um Kapital und Ressourcen, um Konsumenten und die besten Innovationen. Worum es bei diesen Disziplinen des multipolaren Fünfkampfs im Einzelnen geht, wird kurz umrissen. Und es wird erläutert, warum Unternehmen aus einem Hochlohnland wie Österreich insbesondere im Wettkampf um die besten Innovationen punkten müssen: Innovative Technologien, Produkte und Dienstleistungen sind für westliche Unternehmen der Schlüssel zum Markterfolg in der multipolaren Welt.

Im letzten Teil des ersten Kapitels wird die gegenwärtige Finanz- und Wirtschaftskrise ausführlicher beleuchtet – wie sie entstanden ist und vor allem, wie sie sich auf die weitere Entwicklung der Weltwirtschaft auswirkt. Vorgestellt werden drei neue Herausforderungen, welche die Unternehmen in der Krise bewältigen müssen: die Wiederkehr des „starken“ Staates, der mit keynesianischen Instrumenten ins Marktgeschehen eingreift, die deutlich gestiegene Volatilität der Preise und die Verknappung von Kapital.

Österreich und seine Unternehmen in der multipolaren Welt

Das zweite Kapitel ist der zentrale und umfangreichste Teil des Buches. Hier dreht sich alles um Österreich: Wie fit ist unser Land in den einzelnen Disziplinen des multipolaren Fünfkampfs? Wie ist es um den österreichischen Arbeits- und Kapitalmarkt bestellt? Wie ist unser Land im globalen Konkurrenzkampf um Energie und Rohstoffe positioniert? Wie gut gelingt es österreichischen Unternehmen, sich auf den stürmisch wachsenden Konsumentenmärkten in den neuen Boomregionen zu behaupten? Und wie schlagen sich Österreichs Global Player von heute und morgen beim Rennen um die verheißungsvollsten Innovationen? Das Kapitel ist so aufgebaut, dass zu jeder der fünf Dimensionen des multipolaren Wettbewerbs zuerst die makroökonomische Verfassung Österreichs, seine Arbeitnehmer und seine Wirtschaft schlaglichtartig beleuchtet werden, gefolgt von ausgewählten Unternehmensbeispielen. Porträtiert werden österreichische Firmen, die sich in der jeweiligen Disziplin bereits besonders gut behaupten oder auf dem Weg in die globale Champions League sind.

Bei der Konkurrenz um die besten Arbeitskräfte auf den in- und ausländischen Arbeitsmärkten lässt sich beispielsweise von Andritz oder Berndorf lernen, wie Unternehmen aus der Maschinenbaubranche trotz Fachkräftemangel ihren Bedarf an Spezialisten decken und die besten Mitarbeiter auch langfristig an sich binden können. Im Wettkampf um Investitionskapital haben dagegen die OMV oder auch der Motorradhersteller KTM besonders erfolgreiche Strategien entwickelt. Bei der Konkurrenz um Energie und Rohstoffe kann man wiederum vom Baukonzern Strabag oder vom Stromanbieter Verbund lernen, wie Unternehmen ihre Energieabhängigkeit verringern und ihre Unabhängigkeit bei produktionswichtigen Rohstoffen stärken können. Beim Wettbewerb um neue Kundenmärkte haben sich Agrana oder Wienerberger in ihren Branchen bis an die globale Weltspitze vorgekämpft. Und Globalisierungs-Champion Red Bull hat den Markt der Energydrinks überhaupt erst geschaffen – und dominiert ihn seither weltweit. Der Konkurrenzkampf um die besten Innovationen schließlich ist die multipolare Königsdisziplin. Mit innovativen Produkten und Services lassen sich die größten Gewinne erzielen – allerdings ist hier auch das Risiko am höchsten, und meist sind erhebliche Investitionen in Forschung, Entwicklung und Markteinführung erforderlich. Auf diesem Gebiet haben etliche österreichische Unternehmen ebenfalls bereits globale Technologie- beziehungsweise Marktführerschaft errungen – beispielsweise der Schweißtechnik-Spezialist Fronius.

Das zweite Kapitel enthält zudem etliche aktuelle Statements von Top-Managern österreichischer Unternehmen, die Anfang 2009 für dieses Buch über ihren Weg in die multipolare Welt befragt wurden.

Wie der Staat Österreichs Wirtschaft und Arbeitnehmer unterstützen muss

Unternehmen brauchen gute Rahmenbedingungen, um erfolgreich zu sein. Das dritte Kapitel untersucht daher die öffentliche Hand: Wo ist der Staat bereits auf gutem Weg, und wo kann beziehungsweise muss er etwas ändern, um die Unternehmen beim multipolaren Konkurrenzkampf zu unterstützen?

Analysiert werden die wichtigsten politischen Aufgabenfelder: Im Bereich Bildung und Beruf ist eine Reform von Schule und Vorschule fällig; auch im Hochschulwesen und bei der beruflichen Weiterbildung besteht erheblicher Nachholbedarf. Um der wachsenden Mobilität von Personen und Gütern, Dienstleistungen und Kapital im multipolaren Zeitalter Rechnung zu tragen, muss unser Staat zudem gezielt Ansiedlungsanreize für multinationale Unternehmen schaffen – vor allem durch Clusterförderung und verstärkte Investitionen in Forschung und Entwicklung sowie durch Erleichterung des Transfers ausländischer Top-Arbeitskräfte. Sozialstaat und Bürokratie hierzulande müssen überdies dringend modernisiert und effizienter gestaltet werden. Und nicht zuletzt muss der Staat in der Energiepolitik noch konsequenter als bisher Akzente setzen – insbesondere bei den erneuerbaren Energien, um die Abhängigkeit von Anbietern fossiler Energien zu verringern und weitere Umwelt- und Klimaschädigung möglichst zu vermeiden.

Zweifellos hat unser Land seit den 1990er-Jahren auf vielen Gebieten Rückstände gegenüber vergleichbaren Rivalen aufgeholt oder zumindest verkürzt. An diese positiven Entwicklungen gilt es nun anzuknüpfen, damit Österreich künftig zu den Top Playern und Innovationsführern im multipolaren Konkurrenzkampf zählt. Als wegweisendes Beispiel wird das österreichische eGovernment-Programm vorgestellt: Auf diesem Gebiet liegt unser Staat bereits ganz vorn – und sollte seine Spitzenposition noch viel entschlossener nutzen, um das globale Image Österreichs als bürgerfreundliches Hightech-Land zu stärken.

Handlungsempfehlungen für Staat, Unternehmen und Arbeitnehmer

Das vierte Kapitel beendet das Buch mit einem Dreiklang. Zunächst werden die hier ausgebreiteten Informationen, Beispiele und Überlegungen zu einem Überblick mit den wichtigsten praktischen Empfehlungen für Österreichs Unternehmen verdichtet. Im Anschluss fasst ein konkretes Fünf-Punkte-Programm die staatlichen Aufgaben bei der Unterstützung österreichischer Unternehmen in der multipolaren Welt zusammen, die auch jenseits jeglicher Krise bewältigt werden müssen.

Und drittens: Wirtschaft wird von Menschen gemacht, von Managern und Unternehmern, von Freiberuflern und Arbeitnehmern, von Einzelnen, die lernen müssen, mit Herausforderungen umzugehen und Chancen zu nutzen. Nicht zuletzt deshalb endet das vierte Kapitel mit konkreten Empfehlungen für den individuellen Berufserfolg im multipolaren Zeitalter.

Wir leben in ökonomisch und sozial unsicherer werdenden Zeiten. Die nächste Stufe der Globalisierung – die multipolare Welt – ist da, verstärkt noch durch die Wirtschaftskrise. Aber das ist kein Grund zur Panik, im Gegenteil: Wie die hier versammelten Beispiele weltweit erfolgreicher österreichischer Unternehmen zeigen, besteht Anlass zum begründeten Optimismus – wenn Manager und Unternehmer das Richtige tun und dabei durch weitsichtige Politiker und engagierte, kompetente Mitarbeiter unterstützt werden. Ihnen allen – ob in diesem Buch im Rahmen einer Erfolgsgeschichte erwähnt oder nicht – soll dieses Buch Mut machen. Mut, die Herausforderungen der multipolaren Welt jetzt und weiterhin anzunehmen und sie – Krise hin oder her – als das zu begreifen, was sie sind: als große Chancen.

1. Die Welt wird multipolar

Die erste Phase der Globalisierung, in der die Länder der alten Triade – also Japan, USA und westliche Europäische Union – nach Gutdünken die Weltmärkte beherrschten, ist unwiderruflich vorbei. Die Welt wird wirtschaftlich und politisch künftig von mehr Ländern und Regionen bestimmt als bisher. Sie wird multipolar, und das unaufhaltsam: Bereits im Jahr 2025 werden fünf der zehn weltgrößten Volkswirtschaften den heutigen Schwellenländern angehören – mit China auf der Pole Position und Indien auf Platz 3 (Vergleich auf Basis internationaler Kaufkraftstandards, engl.: Purchasing Power Parity, PPP). Schon jetzt (Stand 2008) erwirtschaften die neuen Boomregionen zusammen über 45 Prozent des globalen Bruttoinlandsprodukts (BIP) und nach aktuellen Prognosen wird ihr Anteil 2025 bei gewaltigen 59 Prozent liegen. Auch die derzeitige Wirtschafts- und Finanzkrise wird an diesem langfristigen Trend zur multipolaren Welt nichts ändern (siehe Seite 69 ff.).

BRIC & Co. – die neuen Wirtschaftsmächte

Betrachten wir die wichtigsten großen und kleineren Herausforderer etwas genauer.

China

Nach Jahrzehnten politisch verordneter Eiszeit herrscht im Reich der Mitte ökonomisches Tauwetter – das Land hat zu einer einzigartigen Aufholjagd angesetzt und will binnen kurzer Zeit zu den alten Industrienationen aufschließen. 1,3 Milliarden Menschen leben im bevölkerungsreichsten Staat der Erde. Doch infolge der sogenannten Ein-Kind-Politik steigt Chinas Einwohnerzahl heute nur noch um 0,7 Prozent jährlich. Zwar hat Peking seine rigide Geburtenpolitik mittlerweile gelockert, dennoch wird der Anteil der Personen im erwerbsfähigen Alter (15 bis 60 Jahre) Prognosen zufolge bereits ab 2015 wieder sinken. Auch deshalb haben die Staatskapitalisten in Peking bei ihrer Aufholjagd keine Zeit zu verlieren: Die gigantische Volkswirtschaft muss die Wertschöpfungsleiter so rasch erklimmen, dass sie die Folgen der demographischen Alterung ausgleichen kann. Um dieses Ziel zu erreichen, hat das Land seine Bildungsinvestitionen vervierfacht: von 1,3 Prozent des BIP im Jahr 2006 auf durchschnittlich 4 Prozent in den Jahren 2007 bis 2011. Mit einem BIP von 8,2 Billionen US-Dollar (PPP) rangierte das Reich der Mitte bereits 2007 auf Platz 2 der weltgrößten Volkswirtschaften – und wird spätestens 2020 die USA als globalen Champion beerben.

Indien

Auch der „schlafende Riese“ am Ganges ist erwacht und entwickelt sich unaufhaltsam zur Wissens- und Wirtschaftssupermacht von morgen. Mit 1,1 Milliarden Menschen ist Indien nach China das Land mit der weltweit zweitgrößten Einwohnerzahl. Und Indien ist jung – im Durchschnitt zählt seine Bevölkerung nur 24,9 Jahre. Indiens Einwohnerzahl wuchs 2007 um 1,4 Prozent – um 15 Millionen Menschen binnen Jahresfrist, fast doppelt so viele, wie in ganz Österreich leben. Mit über einer halben Milliarde Menschen im erwerbsfähigen Alter stehen in Indien heute schon doppelt so viele Arbeitskräfte zur Verfügung wie in der gesamten Europäischen Union. Und diese Arbeitskräfte sind immer besser ausgebildet:

2,9 Millionen junge Inder verlassen jährlich die landeseigenen Universitäten – doch der boomende IT-Sektor des Landes könnte noch weitaus mehr Nachwuchskräfte aufnehmen. Mit seiner IT-Dienstleistungsindustrie gehört Indien schon heute zur Weltspitze und ebenso zählt das Land zu den global führenden Standorten für Forschung und Entwicklung. Von 2005 bis 2025 wird sich das indische BIP nach seriösen Prognosen auf 20,5 Billionen US-Dollar (PPP) mehr als verfünffachen und das Land auf Platz 3 der weltweit stärksten Volkswirtschaften katapultieren.

Brasilien

Der größte Flächenstaat des amerikanischen Doppelkontinents mausert sich zusehends zu einer Großmacht im Bereich der Agrartechnologie. Die Bevölkerungszahl wächst rapide: Von Ende der 1960er-Jahre bis 2006 hat sie sich auf zirka 188 Millionen mehr als verdoppelt. Von 2000 bis 2007 wuchs die brasilianische Wirtschaft kontinuierlich mit Raten von 4 bis 5 Prozent. Auch Brasiliens Bevölkerung ist jung – knapp zwei Drittel sind im erwerbsfähigen Alter, ein Viertel ist jünger als 15 Jahre. Brasilien ist reich an Bodenschätzen, zum Beispiel Eisenerzen, und verfügt über einen gut entwickelten Dienstleistungssektor, der schon 2004 mehr als die Hälfte des nationalen BIP erwirtschaftete. Bereits heute nimmt Brasilien in den Top Ten der weltgrößten Volkswirtschaften Platz 8 ein – und wird diesen Rang auch im Jahr 2025 mit einem BIP von dann 5 Billionen US-Dollar (PPP) behaupten.

Russland

Auch wenn das eurasische Riesenreich derzeit unter dem Verfall des Gaspreises und der Abwertung des Rubels leidet: Als einer der großen Gewinner des nächsten Aufschwungs steht Russland bereits heute fest. Die Weltwirtschaft kommt auf absehbare Zeit ohne fossile Brennstoffe nicht aus und Russland besitzt die größten Gasvorkommen der Welt. Doch das Land krankt an ähnlichen Überalterungsproblemen wie Japan oder Westeuropa: Die Bevölkerung – 2008 noch 142 Millionen – schrumpft jährlich um 0,4 Prozent. Dennoch wird Russlands Wirtschaft allein durch seinen Energiereichtum in den kommenden Jahrzehnten noch weiter rapide wachsen: Nach Prognosen wird sich das russische BIP von 2005 bis 2025 auf 5,1 Billionen US-Dollar (PPP) mehr als verdreifachen – und das Land von Platz 9 auf Platz 7 der weltweit stärksten Volkswirtschaften hieven.

Mexiko

Das mittelamerikanische Land ist deutlich kleiner und mit rund 110 Millionen Einwohnern (Stand 2008) auch bevölkerungsärmer als die USA und Brasilien. Doch mit einem BIP von 1,1 Billionen US-Dollar (PPP) rangierte Mexiko schon 2005 auf Platz 14 der weltgrößten Volkswirtschaften. Beflügelt vom nordamerikanischen Freihandelsabkommen NAFTA und weitgehender Deregulierung seiner Wirtschaft ist Mexiko seit 1994 auf der Wohlstandsleiter stetig emporgeklettert. 2007 trug der Dienstleistungssektor bereits 69 Prozent zum nationalen BIP bei. Ebenso wie seine Bevölkerung wird auch die Wirtschaft des Landes in den nächsten Jahrzehnten weiter wachsen – wenn auch nicht annähernd so rapide wie die brasilianische Einwohnerzahl oder das indische BIP. Denn Defizite im Bildungssektor, bei der Infrastruktur und den Investitionen für Forschung und Entwicklung wirken sich als Wachstumsbremsen aus.

Südkorea

Mit einer Einwohnerzahl von rund 49 Millionen ist die Republik Korea das bei Weitem kleinste Land im Kreis der sechs wichtigsten Schwellenländer (BRIC+2). Doch mit einem BIP von zirka 1,1 Billionen US-Dollar (PPP) lag das asiatische Land schon 2005 mit Mexiko ungefähr gleichauf. Als einer der asiatischen Tigerstaaten hat Südkorea seit den 1980er-Jahren vom wirtschaftlichen Aufschwung der regionalen Supermacht Japan profitiert. Industrien wie die Elektronik- und die Autobranche lagerten ihre Fertigung zunehmend nach Südkorea oder Thailand aus, da ihnen die Arbeitsstunden in Japan zu teuer wurden. Die Folge: Heute besitzt Südkorea selbst eine starke Auto- und Elektronikindustrie; Konzerne wie Kia, Hyundai oder Samsung zählen zu den globalen Champions. Prognosen sehen das kleine Land mit einem BIP von dann 3,9 Billionen US-Dollar (PPP) im Jahr 2025 auf Platz 10 der weltstärksten Volkswirtschaften. Dabei wird die südkoreanische Wirtschaft vor allem von der räumlichen und kulturellen Nähe zu China profitieren: Allein von 2002 bis 2007 sind Südkoreas Exporte ins Reich der Mitte um opulente 300 Prozent gestiegen. Allerdings ist das Lohnniveau in Südkorea heute bereits höher als in jedem anderen Land der Region mit Ausnahme Japans. So befindet sich der einstige Tiger als Erster der Herausforderer in einer ähnlichen Lage wie die alten Wirtschaftsnationen der Triade: Seine Unternehmen müssen ebenso wie der Staat noch stärker in Forschung und Entwicklung investieren, damit sie durch vermehrten Ausstoß innovativer Produkte ihre Exportstärke bewahren können. Insgesamt aber gilt: Die Prognosen für Südkorea sind langfristig günstig.

Die Golfstaaten

Wenn von den Vereinigten Arabischen Emiraten (VAE) die Rede war, dachte man jahrzehntelang lediglich an Ölquellen und die märchenhaften Reichtümer, welche die arabischen Herrscher mit dem schwarzen Gold verdienten. Doch die Emire haben längst begonnen, ihre Region für die Zeit nach dem globalen Ölrausch zu transformieren. Dubai, das zweitgrößte Emirat der VAE, treibt ein gigantisches Bauprojekt voran, mit künstlichen Inseln vor seiner Küste, die mit luxuriösen Anwesen für die Superreichen der Erde bebaut werden. In der Hauptstadt des Emirats wachsen zudem immer mehr babylonische Hoteltürme der Superluxusklasse in den Himmel. Doch damit nicht genug: Gegenwärtig baut Dubai seinen Flughafen zum größten Airport der Welt aus. Jährlich 120 Millionen Passagiere sollen auf dieser Logistikdrehscheibe eines Tages landen und starten sowie 12 Millionen Tonnen Fracht abgefertigt werden. Damit die Heerscharen an Reisenden bequem unterkommen, lässt der Herrscher von Dubai auch gleich noch zwei Touristensiedlungen in der Wüste hochziehen – künstliche Paradiese mit Themenparks, Shopping Malls und zahllosen Hotels. Allein für den Ausbau des Airports und die Verwirklichung der Touristenstädte werden Kosten von mehr als 150 Milliarden US-Dollar veranschlagt. Aber Kapitalkraft ist eben die größte Stärke der winzigen VAE, die alle sieben zusammen kleiner als Österreich sind. Dubai allein umfasst gerade einmal knapp 3900 Quadratkilometer, von denen 80 Prozent aus Wüste bestehen. Zudem haben die Emirate weniger als 1,4 Millionen Einwohner, von denen 80 Prozent Ausländer sind – doch die gewaltige Finanzkraft des kleinen Landes gleicht seine Schwächen offenbar mehr als aus. Auch die arabischen Nachbarländer haben mittlerweile erkannt, dass Dubai für die ganze Region eine tragfähige Zukunft erfunden hat: Katar und Bahrain, Oman, Kuwait und Saudi-Arabien eifern dem Vorreiter nach und investieren ihr im Ölzeitalter erworbenes Milliardenkapital gezielt in Immobilien- und Touristikprojekte. Gewiss: Auch die Golfstaaten geraten im Krisenjahr 2009 mit ihren ehrgeizigen Plänen stark unter Druck, Investoren springen ab, Kräne stehen still. Die Erdölpreise sind im Vergleich zu den letzten Jahren drastisch gefallen. Doch unbestritten werden sie bald wieder steigen und die Region verfügt außerdem über große Devisenreserven. Mittel- bis langfristig werden die Golfstaaten, wenn sie den eingeschlagenen Weg konsequent weitergehen, ihre Stellung in der multipolaren Welt durch ihre Wachstumsprojekte weiter stärken.

Die Liste ließe sich fortsetzen: Auch das rohstoffreiche Australien ist auf dem Wachstumspfad, Singapur sowieso und die Türkei nicht minder. Kein Zweifel: Das multipolare Weltzeitalter hat längst begonnen; und die Wirtschafts- und Finanzkrise wird daran nichts ändern. Die Länder der alten Triade, also auch Österreich, tun gut daran, diese mächtige Entwicklung selbst im größten Krisengejammer im Blick zu behalten.

Jedoch bedeutet die unumkehrbare Dynamik hin zur multipolaren Welt keineswegs, dass die bisherigen Wohlstandsregionen nun ihrer unabwendbaren Verarmung entgegensehen müssten – im Gegenteil. Globalisierungsskeptiker weisen mit Vorliebe auf die Heerscharen gut ausgebildeter Arbeitskräfte in China oder Indien hin, die heute bereits mit Facharbeitern und Hochschulabsolventen aus aller Welt um die besten Arbeitsplätze konkurrieren – zu Löhnen, die weit unter dem Niveau in den USA oder gar in Westeuropa liegen. Doch angesichts der unbestreitbaren Risiken der fortschreitenden Globalisierung werden die ebenso beträchtlichen Chancen dieser Entwicklung oftmals übersehen: Mit jedem Ingenieur oder Industriefacharbeiter, der in den neuen Boomregionen einen Arbeitsplatz findet, wachsen dort auch die Kaufkraft und die Konsumentenmärkte. Damit eröffnen sich gerade für Unternehmen aus den alten Industrieländern ganz neue Wachstumschancen, denn die statusbewussten Aufsteiger in Shenzhen oder Bangalore demonstrieren ihren Erfolg bevorzugt durch den Kauf von westlichen Markenartikeln. Bereits heute gibt es in China und Indien 123 Millionen Mittelschichtshaushalte mit entsprechender Kaufkraft und Fokussierung auf Prestigeprodukte aus den USA und Europa – mehr Haushalte als in den Vereinigten Staaten insgesamt. Und jeder von ihnen wartet nur darauf, von Unternehmen aus Nordamerika oder Westeuropa als Kunden gewonnen zu werden.

Die Wirtschaft weiterer Schwellenländer wächst mit ebenso imponierenden Raten – Argentinien von 2005 bis 2007 um durchschnittlich 8,7 Prozent, Russland im gleichen Zeitraum um 7,3 Prozent, die Türkei um 6,6 Prozent. Und damit wachsen in jedem dieser Länder auch die Bevölkerungsgruppen, die sich nun endlich die Produkte begehrter Westmarken leisten können, von denen sie oftmals seit vielen Jahren träumen.

Wie aber ist es zur Globalisierung der Weltwirtschaft überhaupt gekommen, in deren zweite Phase – die multipolare Weltordnung – wir soeben eingetreten sind? Drei starke Triebkräfte sind dafür verantwortlich:

der liberalisierte Welthandel, die Dynamik multinationaler Großkonzerne und die digitale Revolution mit ihren Datenhighways.

Mehr Freiheit für den Welthandel

Jahrzehntelang rang die internationale Staatengemeinschaft um Regeln zur Erleichterung des grenzüberschreitenden Handels. Im Jahr 1994 war es endlich soweit: Das GATT-Abkommen, das General Agreement on Tariffs and Trade (Allgemeines Zoll- und Handelsabkommen), wurde verabschiedet. In der letzten von insgesamt acht Verhandlungsrunden vereinbarten die Staaten überdies Abkommen zum weltweiten Handel in den Bereichen geistiges Eigentum (TRIPS) und Dienstleistungen (GATS). Die Verträge traten am 1. Jänner 1995 in Kraft, dem Tag, an dem auch die Welthandelsorganisation WTO (World Trade Organization) mit Sitz in Genf ihre Arbeit aufnahm. Die GATT-Bestimmungen gingen im Regelwerk der WTO auf, die somit das Fundament einer neuen, liberalen Weltwirtschaftsordnung bildet.

Als direkte Auswirkung wurden die Zölle im WTO-Raum in nahezu allen Marktbereichen gesenkt. Die Staaten erleichterten die Einfuhr für Unternehmen aus den anderen Mitgliedsländern. Gegenüber Nichtmitgliedern wurden allerdings die Zölle zugleich angehoben, die Einfuhrbedingungen verschärft – ein Protektionismus, der vor allem die ärmsten Länder der Erde von den Segnungen der Liberalisierung ausschloss.

Heute gehören der WTO 149 Staaten an. Fast 96 Prozent des weltweiten Ex- und Imports von Waren und Dienstleistungen wurden 2004 auf der Grundlage der WTO-Bestimmungen abgewickelt. Bereits 1995 sind auch große Schwellenländer wie Indien, Brasilien oder Mexiko der Welthandelsorganisation beigetreten. 2001 schloss sich überdies die Volksrepublik China dem Freihandelsabkommen an – damit wuchs der WTO-Markt auf einen Schlag um 1,3 Milliarden Konsumenten.

Der Beitritt Russlands zur Welthandelsorganisation wird seit Jahren erwartet, verzögert sich aber bislang immer wieder aufgrund von Streitigkeiten zwischen Moskau und den westlichen Wirtschaftsmächten. Zuletzt hat Ministerpräsident Wladimir Putin im August 2008 sogar damit gedroht, eine Reihe von Abkommen aufzukündigen, die sein Land auf dem Weg zum WTO-Beitritt bereits mit den Genfer Welthandelshütern geschlossen hat. Doch trotz solcher Irritationen wird wohl auch Russland in allernächster Zukunft das Freihandelsabkommen unterzeichnen: Der eurasische Energieriese verdankt seinen Wiederaufstieg zur Wirtschaftsmacht und den wachsenden Wohlstand seiner Bürger dem schier unstillbaren Energiehunger des multipolaren Weltzeitalters. Wie die gegenwärtige Krise zeigt, leidet Russlands Wirtschaft zwar auch stärker als viele andere, wenn die weltweiten Produktions- und Handelsprozesse ins Stocken geraten. Mit der Bewältigung der Wirtschafts- und Finanzkrise und der dann erneuerten Dynamik der Multipolarisierung wird Russland aber – wegen seiner überragenden Bedeutung für die Weltenergieversorgung und durch die steigenden Energiepreise – wieder stark wachsen.

Die Bestimmungen der WTO werden durch eine Reihe regionaler Freihandelsabkommen teils ergänzt, teils allerdings auch konterkariert:

NAFTA – Freihandel in Nordamerika

Bereits 1995, im WTO-Gründungsjahr, trat das Nordamerikanische Freihandelsabkommen NAFTA (North American Free Trade Agreement) in Kraft. Die drei Mitgliedsstaaten USA, Kanada und Mexiko schafften den größten Teil der wechselseitigen Zollregelungen ab – ein Schritt, dem nicht zuletzt Mexiko, der vermeintlich Schwächste des Trios, seinen Aufstieg zu ungeahnter Wirtschaftsmacht verdankt.

Heute ist Mexiko die achtstärkste Exportnation der Erde. Auf der Basis internationaler Kaufkraftstandards lag das lateinamerikanische Land 2007 auf Platz 14 in der Liste der weltgrößten Volkswirtschaften.

Zehntausende Arbeitsplätze sind in der letzten Dekade aus den USA abgewandert – die meisten davon nach Mexiko, das heute rund 82 Prozent seiner Erzeugnisse in die Vereinigten Staaten exportiert. Damit leidet Mexiko allerdings auch überproportional unter der Rezession in den USA: Dort brachen die Einzelhandelsumsätze im vierten Quartal 2008 um nahezu ein Viertel ein – mit schmerzlichen Folgen für den industrialisierten Norden Mexikos, wo ausländische Konzerne von Siemens bis Nissan für den US-Markt produzieren. Nach Jahren kräftigen Wachstums um durchschnittlich 3 bis 4 Prozent muss sich Mexiko daher erst einmal auf schwierige Zeiten einstellen: Nach Prognosen der UNO-Wirtschaftskommission für Lateinamerika und die Karibik (CEPAL) wird Mexikos Volkswirtschaft im Jahr 2009 lediglich um 0,5 Prozent wachsen, weniger als jeder andere Staat im lateinamerikanisch-karibischen Raum. Langfristig jedoch wird Mexiko auf den Pfad der Wachstumsstärke zurückkehren und seine relative Position in der multipolaren Welt weiter verbessern.

ASEAN – Liberalisierung in Südostasien

Bereits 1967 schlossen sich Thailand und Indonesien, Malaysia, die Philippinen und der Stadtstaat Singapur zur Association of Southeast Asian Nations (Vereinigung der Südostasiatischen Staaten) zusammen. Von Anfang an verfolgte die ASEAN neben ökonomischen auch politische Ziele: Die Länder vereinbarten, ihre Märkte füreinander zu öffnen sowie sozialen Fortschritt und politische Stabilität im ASEAN-Raum zu fördern. In den 1980er- und 1990er-Jahren nahm das Bündnis weitere Staaten wie Vietnam und Kambodscha auf; heute gehören ihm zehn Staaten mit einer Bevölkerungszahl von rund 550 Millionen an. Seit 1997 existiert ein vergrößerter Kreis – ASEAN+3 –, zu dem zusätzlich die regionale Wirtschaftsgroßmacht Japan sowie die aufstrebenden Schwellenländer China und Südkorea zählen.

Wohlstand und Wirtschaftsmacht sind in diesem Zirkel allerdings äußerst ungleich verteilt: Japaner verdienen im Durchschnitt über 31.000 US-Dollar jährlich – Kambodschaner dagegen nur 2000 US-Dollar. Doch gerade durch ihr niedriges Lohnniveau können Länder wie Vietnam, Laos oder Kambodscha vom Bündnis mit regionalen Größen wie Singapur oder Südkorea profitieren: Der Boom in den einstigen Tigerstaaten begann vor gut zwei Jahrzehnten nach genau diesem Muster – indem japanische Unternehmen einzelne Fertigungsschritte in ärmere Nachbarstaaten auslagerten.

Nach dem Vorbild der nordamerikanischen NAFTA bildeten die ASEAN-Staaten bereits 1992 die Freihandelszone AFTA (Asian Free Trade Area), in der Waren und Dienstleistungen zollfrei gehandelt werden können. Im August 2008 hat die ASEAN überdies ein Freihandelsabkommen mit Indien, Australien und Neuseeland geschlossen – über 400 Produkte können seitdem zollfrei gehandelt werden; im Verkehr mit Australien und Neuseeland wurde zudem der Transfer von Investitionen, Dienstleistungen und Patentrechten liberalisiert.

Wie sehr arme Mitgliedsstaaten ebenso wie ihre reichen Brüder von der Öffnung der Handelsgrenzen profitieren, zeigen die Wachstumsraten der ASEAN-Länder: Die Volkswirtschaft von ASEAN-Gründungsmitgliedern wie Singapur oder Thailand wuchs zwischen 2002 und 2005 um durchschnittlich fast 5 Prozent, das Bruttosozialprodukt von Neulingen wie Vietnam (6,5 Prozent) oder Kambodscha (7,4 Prozent) sogar noch deutlich schneller.

Weniger erfolgreich ist das Bündnis jedoch bei seinen Bemühungen um politische Stabilität und sozialen Fortschritt in der Region. Das wurde der Weltgemeinschaft erst im Jahr 2008 wieder vor Augen geführt, als im bitterarmen Gebirgsstaat Birma ganze Landstriche durch ein Erdbeben zerstört wurden und die regierenden Militärs sich lange Zeit weigerten, ihr abgeschottetes Land für internationale Hilfsorganisationen zu öffnen.

Dennoch stehen die Zeichen für die ASEAN-Mitglieder nach Überstehen der globalen Wirtschafts- und Finanzkrise insgesamt günstig.

EU – der größte Binnenmarkt der Welt

Die Geschichte der europäischen Einigung ist sowohl politisch wie auch ökonomisch eine einzigartige Erfolgsstory. Der Europäischen Union, hervorgegangen aus der 1957 gegründeten Europäischen Wirtschaftsgemeinschaft (EWG, ab 1993 Europäische Gemeinschaft, EG), gehören heute 27 Staaten mit rund einer halben Milliarde Einwohnern an. Auch innerhalb der EU gibt es derzeit (Stand 2007) noch deutliche Wohlstands- und Einkommensunterschiede: Das jährliche Durchschnittseinkommen in reichen Mitgliedsländern wie Dänemark (47.529 Euro), Luxemburg (42.135 Euro), Österreich (36.032 Euro) oder Schweden (34.040 Euro) liegt deutlich höher als in den osteuropäischen Staaten Rumänien (3155 Euro) und Bulgarien (1978 Euro), die erst 2007 in die Gemeinschaft aufgenommen wurden. Jedoch zeigt die wirtschaftliche Entwicklung der Länder, die bei der ersten Osterweiterung hinzugekommen sind, dass auch in der Europäischen Union die Neulinge von ihren starken Nachbarn rasch nach oben gezogen werden: Das Bruttoinlandsprodukt der Slowakischen Republik beispielsweise wuchs zwischen 2005 und 2007 durchschnittlich um gewaltige 8,3 Prozent pro Jahr; und auch Tschechien (+ 6,5 Prozent), Polen (+ 5,4 Prozent) oder Slowenien (+ 5,3 Prozent) legten im gleichen Zeitraum mit beachtlichen Raten zu – ein Boom im zentraleuropäischen Raum, von dem unsere Wirtschaft ebenso profitierte: Das österreichische BIP wuchs zwischen 2005 und 2007 um durchschnittlich 3 Prozent und damit rascher als in fast allen anderen Ländern der alten Triade, einschließlich der USA (2,7 Prozent), Japan und Deutschland (jeweils 2,1 Prozent).

Mit dem Euro als gemeinsamer Währung erwirtschafteten die EU-Staaten im Jahr 2005 das höchste Bruttoinlandsprodukt der Welt: umgerechnet 13,7 Billionen US-Dollar (PPP) und damit rund 1,2 Billionen US-Dollar mehr als die USA. Mit 8,2 Billionen US-Dollar lag auch China, die Wirtschaftssupermacht von morgen, noch deutlich hinter dem EU-Volumen zurück. Japan, einer der Champions von gestern, landet mit einem BIP von 4,6 Billionen US-Dollar bereits heute nur noch abgeschlagen auf Platz 4 – und nicht weit dahinter liegt ein weiterer Big Player der nahen Zukunft auf der Lauer: 2005 erwirtschaftete Indien bereits ein Bruttoinlandsprodukt von 3,7 Billionen US-Dollar – und die Boomregionen in Asien wachsen Jahr für Jahr wenigstens drei bis vier Mal so schnell wie die reifen Volkswirtschaften in Japan, Europa oder den USA.

Einige Zahlen zur Globalisierung

- Die weltweite Warenproduktion wuchs von 1950 bis 2007 um das 8,6-Fache, der globale Handel aber mehr als drei Mal so schnell.
- 1948 wurden gerade einmal 8 Prozent des globalen Bruttoinlandsprodukts durch Ausfuhr von Waren und Dienstleistungen erwirtschaftet; im Jahr 2006 waren es bereits 27 Prozent – bei weiterhin steigender Tendenz.
- Von 1990 bis zum Jahr 2000 wuchs das weltweite Warenexportvolumen um 87 Prozent.
- Noch weitaus schneller legte das Volumen weltweiter Dienstleistungen zu: zwischen 1985 und 2007 von 407 Milliarden auf 3,2 Billionen US-Dollar, durchschnittlich also um 10 Prozent pro Jahr.
- Allein 2007 wurden weltweit mehr als 110 Vereinbarungen geschlossen, die ausländische Direktinvestitionen erleichtern sollen.
- Der Anteil Chinas am globalen Außenhandel explodierte im Jahr 2004 von 1 auf 6,7 Prozent – damit lag das asiatische Riesenreich erstmals vor Japan (6,4 Prozent), dem unwiderruflich entthronten

regionalen Champion der ersten Globalisierungsphase. 2008 trug China bereits 8,9 Prozent zum Weltaußenhandel bei – nahezu doppelt so viel wie Japan (4,7 Prozent).

- Im Jahr 2009 wird China nach einer Prognose von WTO-Chefvolkswirt Patrick Low den langjährigen Exportweltmeister Deutschland überholen – nach Angaben der Weltbank hat das Reich der Mitte mit einem Bruttonationaleinkommen (BNE) von 3,218 Billionen US-Dollar schon 2007 Deutschland (BNE = 3,197 Billionen US-Dollar) als drittgrößte Volkswirtschaft der Welt abgelöst.

Multinationale Konzerne

Begünstigt durch die Liberalisierung des Welthandels, wuchsen Großunternehmen wie General Electric, BASF oder Toyota in den 1980er- und 1990er-Jahren zu multinationalen Konzernen heran. Mit Produktionsstätten und Vertriebsnetzen sowie als Anbieter von Produkten und Dienstleistungen sind sie heute auch in den neuen Boomregionen allgegenwärtig – in Indien ebenso wie in China, in Südkorea, Brasilien oder der Türkei.

Die 100 größten multinationalen Unternehmen setzten im Jahr 2006 durch Verkäufe im Ausland 4,1 Billionen US-Dollar um, 58 Prozent ihres gesamten Handelsumsatzes – 1993 waren es noch 43 Prozent. Die Hälfte ihrer Mitarbeiter, insgesamt 7,4 Millionen Menschen, beschäftigten diese Unternehmen außerhalb ihres Heimatlandes – fünf Jahre vorher waren es 44 Prozent. Zwei Drittel ihrer Niederlassungen lagen 2007 bereits außerhalb der Länder, in denen sich die Stammsitze der multinationalen Konzerne befanden.

In den lange Zeit exklusiv triadischen Kreis der multinationalen Konzerne sind längst auch etliche Herausforderer aus den neuen Boomregionen vorgedrungen – und sie werden immer mehr. Eine Studie von Anfang 2009 macht deutlich, dass Konzerne aus China, Indien oder Brasilien durch die derzeitige Krise keinesfalls zurückfallen. Im Gegenteil: Die meisten Unternehmen, die 2009 erstmals zu den 100 weltgrößten Newcomer-Konzernen zählten, haben ihren Stammsitz in einem der BRIC-Staaten.

Längst sind die chinesischen oder indischen, brasilianischen oder russischen Giganten nicht mehr nur in ihren Heimatregionen tätig. Dort sind sie im zurückliegenden Jahrzehnt so sehr erstarkt, dass sie mittlerweile auch im Weltmarkt an die Spitze drängen. Mit einem durchschnittlichen jährlichen Wachstum von 29 Prozent während der letzten Jahre legten die Herausforderer weit schneller zu als die in New York, London oder Tokio notierte Konkurrenz. Auch ihre Rendite von durchschnittlich 17 Prozent im Jahr 2007 lässt die meisten westlichen Konzernlenker vor Neid erblassen. Mehr als ein Drittel der 100 größten Herausforderer kommt erwartungsgemäß aus China (36), ein Fünftel aus Indien; auch Brasilien (14) ist in diesem Ranking stark vertreten. Dagegen fallen Mexiko (7) und Russland (6) bereits deutlich ab, dicht gefolgt von den Golfstaaten (5), die sich mehr und mehr zu einem der Shootingstars der multipolaren Zukunft mausern – überwiegend nicht mehr durch ihr klassisches Geschäftsfeld, die Ölförderung, sondern durch Diversifizierung in boomende Branchen wie Tourismus und Logistik.

Auch Unternehmen aus kleineren europäischen Staaten ist in den letzten zwei Jahrzehnten der Aufstieg zu globalen Akteuren gelungen. Ein besonders eindrucksvolles Beispiel ist der finnische Handyhersteller Nokia, der heute den Weltmarkt für Mobiltelefone beherrscht – und 2006 allein in China einen Umsatz von 4,9 Milliarden Euro erzielte. 33 Prozent seines Gesamtumsatzes erwirtschaftet Nokia bereits im asiatisch-pazifischen Raum, nur noch unwesentlich weniger als in Europa (38 Prozent). Ebenso ist einigen österreichischen Unternehmen seit den 1990er-Jahren der Sprung in die globale Champions League geglückt – vom Ziegelhersteller Wienerberger bis zum Energydrink-Weltmarktführer Red Bull werden in diesem Buch später etliche Global Player mit österreichischem Stammsitz vorgestellt und die Gründe für ihre Erfolge in der multipolaren Welt beleuchtet.

Digitale Datenhighways

Neben der Handelsliberalisierung und der Expansion der multinationalen Konzerne kommt einer dritten Globalisierungstriebkraft herausragende Bedeutung zu: der weltweiten Vernetzung von Datenautobahnen durch Internet und Glasfaserkabel. Erst seit wir sekundenschnell fast beliebige Datenmengen rund um die Erde schicken können, ist es möglich geworden, Call-Center oder andere Servicefunktionen nach Irland oder Indien auszulagern und Produktionsstätten über alle Kontinente zu verteilen, während sich das Hauptquartier des Unternehmens beispielsweise in Wien befindet. Auch Vertriebs- und Logistikketten lassen sich erst dank der IT-Revolution global organisieren; das Gleiche gilt für F&E-Standorte, die in verschiedenen Ländern lokalisiert und über das unternehmenseigene Intranet vernetzt sein können, oder das Management eines Unternehmens, das sich per Videokonferenz zum Meeting zusammenfindet, wo auch immer auf dem Planeten sich die Beteiligten gerade aufhalten.

Wie weit diese globalen Auslagerungsprozesse heute schon fortgeschritten sind, zeigen einige Zahlen: Durch Offshoring von IT- und Backoffice-Dienstleistungen entstanden bis 2007 nach Schätzungen von Deutsche Bank Research bis zu 2,1 Millionen Arbeitsplätze in Indien und anderen Schwellenländern; davon etwa 500.000 durch Verlagerung aus Europa. Im selben Jahr arbeiteten allein in Indien fast 1,3 Millionen Menschen im IT- und Backoffice-Bereich.

Doch nicht nur multinationale Konzerne profitieren von den revolutionären IT-Potenzialen. Auch den lokalen Unternehmen in den neuen Boomregionen beschert die neue Informations- und Kommunikationstechnologie massive Vorteile. Das zeigt etwa das Beispiel Mobilfunk: Sich entwickelnde Länder können heutzutage die Festnetztelefonie schlichtweg überspringen und ihre Bürger und Unternehmen drahtlos an die nationalen und globalen Kommunikationsnetzwerke anschließen. 3,5 Milliarden Menschen nutzten 2007 bereits Mobiltelefone – gegenüber gerade einmal elf Millionen 17 Jahre davor. E-Mail und das Internet mit seinen virtuellen Shops, Verkaufs- und Versteigerungsplattformen machen möglich, was noch vor wenigen Jahrzehnten allenfalls als Stoff für Science-Fiction getaugt hätte: Jeder Dienstleister, Produzent oder Händler, ob in Brasilien oder Guatemala, Kenia oder im Kongo, in China oder Kambodscha, vermag heute seine Leistungen weltweit anzubieten.

Während sich die Wirtschaftsmächte von morgen noch fieberhaft bemühen, ihre Einwohner und Unternehmen flächendeckend an die weltweiten digitalen Netze anzuschließen, geht die IT-Revolution unaufhörlich weiter. Heute bereits kann man beispielsweise in Kenia per Handy Geldbeträge bei seiner virtuellen Bank einzahlen – in einem Land, in dem Girokonten den begüterten Schichten in den großen Städten vorbehalten sind. PC, Mobiltelefon und Fernsehen sind auf dem besten Weg, zu einem einzigen Multifunktionsgerät zu verschmelzen – einem portablen digitalen Alleskönner, mit dem man von jedem Ort auf der Erde Informationen abrufen und senden, Geschäfte tätigen oder an Online-Videokonferenzen teilnehmen kann. Das Global Village ist schon längst sehr viel mehr als ein bloßes Schlagwort – Konsumenten, Anbieter und Arbeitskräfte aus Indien, Lateinamerika oder den Golfstaaten sind nicht mehr Tausende Kilometer, sondern allenfalls ein paar Serverknoten auf der weltweiten Datenautobahn entfernt.

Die fünf großen Herausforderungen des multipolaren Zeitalters

Die digitale Revolution hat bereits vor Jahrzehnten begonnen, die Gründung von WTO und NAFTA, ASEAN und EU liegt gleichfalls etliche Jahre zurück und auch das Auftreten multinationaler Konzerne ist keineswegs neu. Doch zusammen mit dem wirtschaftlichen Aufstieg der einstigen Schwellenländer bewirken diese drei Triebkräfte eine neue Qualität weltweiter Verflechtung: Schienen die Highways der Globalisierung lange Zeit immer nur in eine Richtung befahrbar – von „Norden" nach „Süden" –, so haben wir es heute mit einem schier unentwirrbaren Netz zu tun, das den gesamten Globus umspannt und in jede erdenkliche Richtung befahren werden kann.

In der Weltliga, in der USA, Westeuropa und Japan jahrzehntelang unter sich waren, mischen mittlerweile auch zahlreiche Player aus den asiatischen oder lateinamerikanischen Wachstumsregionen mit. Damit verschärft sich der Konkurrenzkampf, dem sich Staaten, Unternehmen und Arbeitnehmer in der multipolaren Welt stellen müssen und der letzten Endes in fünf Disziplinen ausgetragen wird: als Kampf um die besten Arbeitskräfte, um Kapital und Rohstoffe, um Konsumentenmärkte und – gleichsam die Königsdisziplin – um die attraktivsten Ideen und Erfindungen.

Wetteifern um die Top-Arbeitskräfte

Aufgrund der gegenwärtigen Wirtschaftskrise steigen in den USA, Europa und Japan die Arbeitslosenzahlen in dramatischem Ausmaß. Aber dieser aktuelle Ausschlag nach oben, so schmerzlich er für die vom Jobverlust Betroffenen zweifellos ist, verzerrt nur kurzfristig einen Trend, der auf mittlere Sicht in die genau entgegengesetzte Richtung weist: Sinkende Geburtenraten und die demografische Alterung werden in den meisten westlichen Ländern schon bald wieder zu einem verschärften Fachkräftemangel führen. Spätestens wenn sich die in den 1960er-Jahren geborenen Babyboomer zur Ruhe gesetzt haben, werden sich Politik und Wirtschaft mit einem Problem konfrontiert sehen, das hierzulande zuletzt vor einem halben Jahrhundert Schlagzeilen gemacht hat: einem chronischen Mangel an qualifizierten Arbeitskräften. Auch in Japan oder den USA, Deutschland, Frankreich oder Österreich ansässige Unternehmen werden spätestens dann genötigt sein, sich weltweit auf die Suche nach gut ausgebildeten Facharbeitern, Ingenieuren und Managern zu begeben.

Staaten mit zu geringer Geburtenrate haben einen erheblichen Wettbewerbsnachteil: Ihnen droht die Abwanderung ganzer Industrien, die ihren Bedarf an qualifizierten Arbeitskräften nur noch jenseits der Landesgrenzen decken können. Unglücklicherweise sind von dieser Entwicklung fürs Erste fast ausschließlich die Staaten der alten Triade betroffen: Die Bevölkerung in Japan und Europa schrumpft und vergreist – während in Ländern wie Indien oder Indonesien, Mexiko oder Brasilien noch auf Jahrzehnte hinaus die Geburten- weit über der Sterberate liegen wird.

Der globale Arbeitsmarkt

Wohin diese Entwicklung schon in naher Zukunft führt, verdeutlichen einige Zahlen:

- In den triadischen Industrieländern geht die Anzahl der verfügbaren Arbeitskräfte von 2005 bis 2025 teilweise drastisch zurück: in Italien um 6 Prozent, in Deutschland um 9 Prozent, in Japan sogar um 15 Prozent. In China dagegen wächst sie im gleichen Zeitraum um 6 Prozent, in Brasilien (+ 25 Prozent), Mexiko (+ 29 Prozent) oder gar in Indien (+ 39 Prozent) noch weitaus schneller.
- Weltweit hat sich die Anzahl der verfügbaren Arbeitskräfte nach Angaben des Internationalen Währungsfonds seit Anfang der 1980er-Jahre vervierfacht.

- Bereits im Jahr 2025 werden in den sechs größten Boomregionen von morgen, also in China und Indien, Russland und Südkorea, Mexiko und Brasilien, 1,9 Milliarden Arbeitskräfte zur Verfügung stehen – gegenüber lediglich 430 Millionen in den Ländern der alten Triade.
- Nur 25 Jahre später werden innerhalb eines einzigen Jahrs etwa 440 Millionen Menschen zusätzlich auf den globalen Arbeitsmarkt drängen – und 97 Prozent von ihnen werden aus den heutigen Schwellen- und Entwicklungsländern stammen.

Weltweiter Kampf um Talente

Diese Entwicklung ist nicht neu, aber sie hat sich deutlich verschärft. Und während in den zurückliegenden Jahrzehnten vor allem die westlichen multinationalen Unternehmen von der Globalisierung des Arbeitsmarktes profitierten, müssen sie mittlerweile – und zunehmend – auch mit Konzernen aus den neuen Boomregionen um die besten Arbeitskräfte in China, Indien oder Brasilien konkurrieren. 40 Prozent der westeuropäischen Unternehmen haben laut aktuellen Untersuchungen bereits Teile ihres Wertschöpfungsprozesses in die Schwellenländer ausgelagert – und wiederum 40 Prozent dieser Niedriglohnjobs sind in Asien entstanden, vor allem in Indien, wo heute schon mehr als ein Viertel aller von Unternehmen ausgelagerten IT-Services erbracht wird. Dieser Trend wird sich zweifellos noch weiter verstärken: Der Fortschritt in der Informations- und Kommunikationstechnologie macht es immer leichter, Dienstleistungen dorthin zu verlagern, wo diese von gut ausgebildeten Arbeitskräften zu den weltweit niedrigsten Kosten erbracht werden können.

Zudem unternehmen die bisherigen Schwellenländer erhebliche Anstrengungen, um ihren Nachwuchs bestmöglich auszubilden. Damit sind die Zeiten, in denen Unternehmen aus dem Westen lediglich Lowtech-Arbeitsschritte nach Asien auslagerten, gleichfalls vorbei. Vom Boom der letzten Dekade beflügelt, sind Länder wie China oder Indien, aber auch

Brasilien, Mexiko oder die baltischen Tigerstaaten auf der Wertschöpfungsleiter zügig emporgeklettert. Sie haben ihre Investitionen in Bildung und Ausbildung um zum Teil beträchtliche Raten gesteigert, weshalb auf den lokalen Arbeitsmärkten nun auch gut ausgebildete und hochmotivierte Akademiker und Facharbeiter verfügbar sind – zu Entgelten, die 60 oder sogar 80 Prozent unter dem westeuropäischen Lohnniveau liegen. Kein Wunder also, dass Konzerne wie Siemens oder Nokia schon heute auch höherwertige Abschnitte ihrer Wertschöpfungskette nach Asien oder Lateinamerika verlagern: In Südkorea verlassen pro Jahr ebenso viele graduierte Ingenieure wie in den USA die Hochschulen – dabei weist das asiatische Land nur ein Sechstel so viel Einwohner auf. Rund die Hälfte der 500 weltgrößten Konzerne unterhält schon Zentren für Forschung und Entwicklung in Indien. Und der indische Tata-Konzern beginnt bereits seinerseits, Teile seines Produktionsprozesses in andere Schwellenländer auszulagern: Seit 2007 betreibt er ein IT-Zentrum im mexikanischen Guadalajara. Bis 2012 sollen dort nicht weniger als 5000 Ingenieure Arbeit finden, die an mexikanischen Hochschulen in Zusammenarbeit mit multinationalen Unternehmen erstklassig ausgebildet worden sind.

Die Konsequenzen aus westlicher Sicht liegen auf der Hand: Die Staaten müssen gezielt in Bildung und Ausbildung investieren, damit sie als Standorte für global agierende Unternehmen attraktiv bleiben. Die Arbeitnehmer müssen durch Selbstmanagement, bestmögliche Ausbildung und lebenslanges Lernen sicherstellen, dass sie auf dem weltweiten Arbeitsmarkt mit erstklassig ausgebildeten Wettbewerbern mithalten können. Und die Unternehmen mit Stammsitz in den USA, Europa oder Japan müssen noch konsequenter als bisher Abschnitte ihrer Wertschöpfungskette jeweils in die Regionen verlagern, wo ausreichend qualifizierte Arbeitskräfte zu möglichst geringen Kosten zu haben sind.

Das sind bereits heute nicht mehr automatisch jene Länder, die lange Zeit als Inbegriff niedrigen Lohnniveaus galten. Der Prozessorhersteller Intel etwa investiert 1 Milliarde US-Dollar in eine Chipfabrik –

doch nicht etwa in China oder Indien, sondern in Vietnam, das erst 2007 der WTO beigetreten ist und sich dennoch bereits anschickt, das Wirtschaftswunder seiner Nachbarn Südkorea und Singapur zu wiederholen. Und während europäische Politiker noch darüber diskutieren, ob sie ihre Grenzen für indische IT-Spezialisten öffnen sollen, um den hiesigen Mangel an Informatikern zu beheben, grasen indische Softwareunternehmen ihrerseits den globalen Arbeitsmarkt nach erstklassigem IT-Nachwuchs ab. Auch Berufsanfänger aus indischen Top-Universitäten erhalten heute bereits in Bombay oder Bangalore Anfangsgehälter, die mit westlichen Angeboten mühelos konkurrieren können – und dementsprechend auch für Absolventen amerikanischer und europäischer Hochschulen attraktiv sind. Folgerichtig werben immer mehr multinationale Unternehmen mit Sitz in Indien gezielt an US-amerikanischen Universitäten um Absolventen, die sie mit üppigen Einstiegsgehältern und hochkarätigen Karrierechancen ködern.

Weltweit steigender Arbeitskräftebedarf

Unternehmen, die einzelne Arbeitsschritte nur wegen der geringeren Lohnkosten nach Asien oder Lateinamerika auslagern, handeln unter diesen Bedingungen entschieden zu kurzsichtig. Denn der Kostenvorteil kann schon nach wenigen Jahren wieder dahingeschmolzen sein, wenn lokaler Arbeitskräftemangel die Gehälter nach oben treibt. Mit diesem Problem werden sich Unternehmen selbst in China mit seinen Hunderten Millionen von Arbeitskräften schon in naher Zukunft konfrontiert sehen: Als Folge seiner rigiden Ein-Kind-Politik leidet das Reich der Mitte bereits heute an demografischer Alterung. Die Zahl der dort verfügbaren Arbeitskräfte wird nach Schätzungen schon um das Jahr 2015 herum wieder sinken. Auch die russische Gesellschaft altert rapide – die Aufholjagd des Kremls, der die Industrialisierung des bislang allein von seinem Energiereichtum zehrenden Riesenreichs vorantreibt, könnte aus demografischen Gründen bald schon wieder zu Ende sein.

Doch früher als in China oder Russland werden die Bevölkerungen in Westeuropa, Japan und den USA schrumpfen und vergreisen. In den nächsten drei bis vier Jahren werden beispielsweise die 500 größten US-Unternehmen die Hälfte ihrer Senior Manager verlieren. Dann nämlich beginnen die Babyboomer-Jahrgänge sich in den Ruhestand zu verabschieden, und die Lücke, die sie hinterlassen, wird auf den einheimischen Arbeitsmärkten kaum mehr zu schließen sein. Gleichzeitig steigt der Bedarf indischer, chinesischer, russischer oder brasilianischer Unternehmen an Facharbeitern, Ingenieuren und Managern sprunghaft an: Anders als in den 1990er-Jahren sind die qualifizierten Nachwuchskräfte aus den Schwellenländern heute immer seltener gezwungen, ihr Glück in Detroit, Tokio oder London zu versuchen. Längst finden sie gut bezahlte Arbeitsplätze im eigenen Land, bei einheimischen Unternehmen, wo sie sich auch kulturell meist besser aufgehoben fühlen. Überdies haben die Regierungen in Peking oder Neu Delhi mittlerweile Maßnahmen ergriffen, um die Abwerbung ihrer einheimischen Arbeitskräfte zu erschweren und Arbeitsmigranten zur Rückkehr zu bewegen.

In etlichen indischen IT-Unternehmen ist es beispielsweise üblich, die ganze Familie der Programmierer und Analysten einzubeziehen, um die umworbenen Spezialisten an die Firma zu binden. So wird es ausdrücklich gern gesehen, dass Mütter und Väter der Mitarbeiter ihre Söhne oder Töchter am Arbeitsplatz besuchen. Herausragende Leistungen der Beschäftigten werden mit einem Anruf honoriert – bei den Eltern des musterhaften Mitarbeiters, denen der Vorgesetzte herzlich dankt. Maßnahmen wie diese mögen aus westlicher Sicht eher befremdlich anmuten, im ganz anderen kulturellen Kontext Indiens aber haben sie die gewünschte Wirkung: Die Mitarbeiter und ihre Familien fühlen sich dem Unternehmen in solchem Maß verbunden, dass sie Abwerbungsversuchen selbst dann widerstehen, wenn die Konkurrenz das zwei- oder dreifache Gehalt bietet.

Im Übrigen garantiert ein Diplom von einer angesehenen indischen oder südkoreanischen Universität keineswegs, dass der Absolvent auch tatsächlich mit den Anforderungen und der Arbeitskultur in einem westlichen Unternehmen zurechtkommt. Von den etwa 300.000 Ingenieuren, die pro Jahr die indischen Hochschulen verlassen, kommt nur gut ein Zehntel für ausländische multinationale Unternehmen in Betracht. Die überwiegende Mehrheit scheitert an kulturellen Unterschieden oder schlicht an mangelnden Sprachkenntnissen – oder fühlt sich aus solchen Gründen von ausländischen Unternehmen gar nicht erst angezogen, auch wenn diese einen Arbeitsplatz vor Ort bieten und höhere Gehälter als die lokale Konkurrenz bezahlen. Zu ähnlichen Ergebnissen kommt eine aktuelle Studie mit Blick auf den chinesischen Arbeitsmarkt. Auch wenn China mittlerweile mehr als eine halbe Million Ingenieure und Naturwissenschaftler jährlich aus seinen Hochschulen entlässt – fast drei Mal so viel wie Anfang der 1990er-Jahre –, stehen höchstens 10 Prozent von ihnen für westliche Unternehmen de facto zur Verfügung.

Globales Talentmanagement erforderlich

Die multinationalen Unternehmen müssen also künftig ein globales Talentmanagement betreiben: Zum einen sollten sie ihren Bedarf an Arbeitskräften in drei Levels aufteilen – gering, mittel und hoch qualifizierte Mitarbeiter – und für jede dieser Stufen eine eigene Strategie entwickeln. Zum anderen müssen sie damit umzugehen lernen, dass ihre Beschäftigten in noch sehr viel höherem Maß als heute rund um den Globus verstreut sein werden. Und die von Offshoring betroffenen Staaten müssen ihre Anstrengungen verstärken, um gering qualifizierte Arbeitnehmer, die am stärksten den globalen Wettbewerbsdruck zu spüren bekommen, gezielt weiterzubilden und wieder in den Arbeitsmarkt einzugliedern (siehe Kapitel 3).

Die drei Levels des globalen Arbeitsmarktes sind jeweils durch eigene Gesetzmäßigkeiten und Entwicklungstendenzen geprägt:

- Um wettbewerbsfähig zu sein, werden Unternehmen künftig noch konsequenter als bisher einfache Produktionsschritte von gering qualifizierten Arbeitskräften in Entwicklungsländern ausführen lassen. Wichtig ist hierbei, dass die Unternehmen lernen, mit der lokalen Verwaltung zusammenzuarbeiten – etwa um bei der Lösung grundlegender sozialer Probleme mitzuhelfen (Epidemien, ethnische Konflikte etc.) und dafür zu sorgen, dass die örtlichen Niederlassungen ethische und ökologische Standards beachten.

- An Arbeitskräften mittleren Qualifikationsniveaus wird es auch in der näheren Zukunft auf dem globalen Arbeitsmarkt nicht mangeln. Dennoch müssen Unternehmen ihre Anstrengungen verstärken, um Mitarbeiter dieses Levels gezielt weiterzubilden: So können sie einen Teil ihres Bedarfs an Spezialisten des höchsten Qualifikationsgrads aus den eigenen Reihen decken.
- Um die bestqualifizierten Manager und Ingenieure wird bereits heute global mit harten Bandagen gekämpft. Damit die Unternehmen hier mithalten können, müssen sie regionale Kooperationen eingehen. An den heimischen Standorten in den USA oder Europa sollten sie mit den Regierungen zusammen festlegen, welche Bildungs- und Ausbildungszweige Staat und Wirtschaft besonders fördern müssen – und in welchen Sparten das Land aktiv für die Einwanderung von Spezialisten werben und attraktive Anreize schaffen muss, damit die Unternehmensstandorte erhalten werden können, auch wenn auf dem einheimischen Arbeitsmarkt die benötigten Top-Kräfte nicht verfügbar sind. In den neuen Boomregionen dagegen sollten die westlichen Konzerne eng mit Hochschulen zusammenarbeiten, damit diese gezielt Ingenieure, Wissenschaftler und Manager für den Bedarf der Unternehmen ausbilden.

Ein Beispiel ist Microsoft: Der US-Softwareriese hat bereits Ende der 1990er-Jahre im indischen Hyderabad eine F&E-Niederlassung gegründet – das Microsoft India Development Center (MIDC). Denn nirgendwo gibt es mehr bestens ausgebildete, hochmotivierte junge Programmierer als in den Boomtowns auf dem Subkontinent. Doch die Spitzenkräfte werden von Unternehmen aus aller Welt heftig umworben. Um seine anfangs 20 MIDC-Mitarbeiter an sich zu binden und vor allem weitere Talente für das Unternehmen zu begeistern, stattete Microsoft die Niederlassung mit allem aus, was in der IT-Szene damals als cool galt – von Spitzentechnologie an den Arbeitsplätzen über Xbox-Spielkonsolen bis hin zu Sportplätzen und Billardräumen. Die jungen indischen Softwarespezialisten zeigten sich angetan: Mittlerweile arbeiten im MIDC in Hyderabad mehr als 1200 Mitarbeiter.

Kulturelle Vielfalt managen

Bereits in naher Zukunft wird es für Unternehmen eher die Regel als die Ausnahme sein, ganze Wertschöpfungsabschnitte kurzfristig an andere Standorte zu verlagern – je nachdem, wo Arbeitskräfte des benötigten Levels zu den günstigsten Bedingungen vorhanden sind. Das kann jedoch nur funktionieren, wenn die Unternehmen über Modelle verfügen, die ihnen erlauben, Veränderungen an einem aktuellen Standort rechtzeitig vorauszusehen und sich den Gegebenheiten in einer neuen Umgebung rasch und flexibel anzupassen.

Damit das Hauptquartier im fernen Amerika oder Europa auf solche lokalen Veränderungen rasch reagieren kann, wäre es beispielsweise überlegenswert, das Unternehmen nach dem Knotenpunktsystem („hub and spoke") zu organisieren: So können regionale Niederlassungen in Asien oder Lateinamerika direkt mit der Zentrale kommunizieren und in einem gewissen Rahmen eigenverantwortlich agieren, ohne dass das Unternehmen die Kontrolle verliert. Auf diese Weise kann es seine Produkte und Dienstleistungen, Marketing- und Vertriebsstrategien auch sehr viel flexibler auf die kulturellen Eigenarten der jeweiligen Regionalmärkte ausrichten. Dagegen drohen hierarchisch strukturierte Unternehmen, bei denen die Zentrale einsame Entscheidungen für alle Märkte und Niederlassungen trifft, an lokalen Bedürfnissen vorbeizuproduzieren. Insbesondere beim Marketing für ein neues Produkt kann ein Unternehmen kaum wiedergutzumachende Fehler begehen, wenn seine Werbebotschaften Assoziationen wecken, die in der jeweiligen Kultur negativ besetzt sind.

Ein Beispiel für eine in diesem Sinn wegweisende Organisation ist das US-amerikanische Unternehmen Kimberley-Clark: Der Weltmarktführer für Gesundheits- und Hygieneprodukte mit Stammsitz in Dallas ist unter anderem auf den asiatischen Märkten höchst erfolgreich. In der thailändischen Hauptstadt Bangkok unterhält Kimberley-Clark schon seit Jahren eine regionale „Nabe", die mit lokalen „Speichen" verbunden ist – unter anderem in Taiwan und Singapur. Dort produziert der Konzern in eigenen Fertigungsstätten Wegwerfwindeln der Marke „Huggies" für den gesamten südostasiatischen Markt, etwa für die Philippinen, Indonesien und Thailand. Um lokalen Besonderheiten gerecht zu werden, bietet das Unternehmen speziell in den Schwellenländern „Huggies" in drei Qualitätsstufen und Preisniveaus an: eine Premium-, eine mittlere und eine billige Einsteigerversion.

Durch die sternförmige Vernetzung kann ein multinationaler Konzern zudem seine kulturelle Identität leichter bewahren, obwohl seine Standorte weltweit verteilt sind. Unumgänglich ist hierfür allerdings auch, dass das Unternehmen einen Kanon von Grundwerten formuliert, der für alle Mitarbeiter verbindlich ist, egal, ob sie an einem Standort in Paris oder Wien, in St. Petersburg, Bombay oder Shanghai beschäftigt sind. Dieser Kanon hilft, kulturelle und ethnische Differenzen zu überbrücken und unter den Mitarbeitern ein Wir-Gefühl wachzuhalten, auch wenn sich der Konzern immer wieder auf wechselnde Arbeits- und Konsumentenmärkte ausrichten muss. Beispielsweise hat der österreichische Konzern Wienerberger einen Katalog seiner Werte und Prinzipien entwickelt, die er neuen Führungskräften in speziellen Seminaren vermittelt. Jeder neue Mitarbeiter des Weltmarktführers für Ziegel und Baustoffe wird überdies durch Trainingsprogramme in die spezielle Kultur, Tradition und Moral des Unternehmens eingeführt.

Kampf um Kapital

In der ersten Phase der Globalisierung zirkulierten die Kapitalströme noch überwiegend zwischen Unternehmen aus den USA, Japan und dem westlichen EU-Raum. Soweit überhaupt in nennenswertem Umfang außerhalb der Triade investiert wurde, floss das Kapital in aufstrebende Märkte wie Mexiko oder Brasilien, China oder Indien. Doch selbst Investoren aus solchen Schwellenländern steckten ihr Geld sehr viel lieber in Aktien westlicher multinationaler Konzerne als in Unternehmen aus ihren Heimatregionen.

Die Herrscher über die arabischen Ölquellen beispielsweise investierten Milliarden in Beteiligungen bei US-Konzernen wie Citigroup oder europäischen Unternehmen wie Credit Suisse. Seit einigen Jahren aber fließen auch die globalen Kapitalströme deutlich „diverser": Konzerne aus den Schwellenländern investieren in andere neue Boomregionen – und greifen zugleich vermehrt nach westlichen Unternehmen und Marken mit klangvollen Namen. Beides machte erst unlängst der indische Tata-Konzern vor: Seine Dienstleistungstochter TCS gründete eine Niederlassung in Mexiko und der Mutterkonzern verleibte sich die noblen Traditionsmarken Jaguar und Land Rover ein. Ähnlich der mexikanische Zementhersteller Cemex: Er erwarb bereits 2005 den britischen Konkurrenten RMC/Readymix – für glatte 6 Milliarden Dollar. Und im Jahr davor übernahm ein Unternehmen, das in der westlichen Welt bis dahin weitgehend unbekannt war, die PC-Sparte von IBM: der chinesische Lenovo-Konzern, der durch diesen Coup über Nacht zum drittgrößten PC-Produzenten der Welt wurde – und einer der Hauptsponsoren der Olympischen Spiele 2008 in Peking war. Dass dies keineswegs Einzelfälle sind, lässt sich leicht belegen: Nach Angaben des Beratungsunternehmens Thomson Financials kauften Konzerne aus den neuen Boomregionen allein im Jahr 2006 westliche Unternehmen oder Beteiligungen im Wert von über 3,8 Billionen US-Dollar.

Bereits seit den 1990er-Jahren legen auch westliche Investoren ihr Kapital verstärkt in indischen, südkoreanischen, brasilianischen oder mexikanischen Unternehmen an. Die derzeitige Krise hat zwar zwischenzeitlich eine gewisse Kapitalflucht „nach Norden" ausgelöst, also zurück in die USA und nach Europa. Doch in den alten Industrieregionen sind die Zinsen unterdessen auf historische Tiefstände gefallen und die Konjunktur dies- wie jenseits des Atlantiks wird noch auf Jahre hinaus lahmen. Dagegen wachsen die Volkswirtschaften Chinas ebenso wie Indiens mit abgebremstem, doch immer noch eindrucksvollem Tempo weiter – man braucht also kein Prophet zu sein, um vorauszusehen, dass die Kapitalströme bald schon umso kräftiger wieder „nach Süden" fließen werden.

Die Anfänge dieser Entwicklung lassen sich bis in die 1980er-Jahre zurückverfolgen. Damals begannen multinationale Unternehmen aus dem Westen, in Mexiko oder Thailand zu investieren; denn erstmals wurde deutlich, dass man in den Schwellenländern zu niedrigen Kosten produzieren konnte. Zudem sahen die Konzernlenker voraus, dass in diesen Ländern über kurz oder lang neue Konsumentenmärkte entstehen würden – auch deshalb galt es, in Südostasien und Lateinamerika rechtzeitig präsent zu sein.

In den 1990er-Jahren traten weitere aufstrebende Regionen in Erscheinung, die gleichfalls zunehmend Investitionskapital anzogen: Viele asiatische Staaten, die Türkei und die postkommunistischen Länder Osteuropas liberalisierten ihre Wirtschaft. Dadurch standen vor allem im ehemaligen Ostblock gleichsam über Nacht Millionen zusätzlicher Industriearbeitskräfte bereit.

ADI-Fluss in die Schwellenländer

Wiederum veranschaulichen einige Zahlen, wie sprunghaft ausländische Direktinvestitionen (ADI) während der letzten Jahre zugenommen haben – und dass ein rapide wachsender Teil davon in die aufstrebenden Märkte fließt:

- Das globale ADI-Volumen betrug 1990 noch 208 Milliarden US-Dollar – 2007 hatte es sich mit 1,8 Billionen US-Dollar bereits nahezu verneunfacht.
- 2007 flossen bereits etwa 27 Prozent des ADI-Kapitals in aufstrebende Märkte, die Hälfte davon in die asiatischen Boomregionen, fast ein Drittel allein nach China.
- Sprunghaft wächst auch der Anteil sogenannter „Süd-Süd"-Investitionen, also von ADI-Flüssen zwischen den Schwellenländern: 2005 summierten sie sich auf 133 Milliarden US-Dollar, 17 Prozent aller globalen ADI – und mit einer Steigerungsrate von 41 Prozent wuchsen sie (bis 2007) weitaus schneller als der Anteil herkömmlicher „Nord-Süd"-Investitionen, also von Ländern der Triade in die aufstrebenden Märkte.
- ADI aus den Schwellenländern fließen bislang überwiegend in die jeweils eigene Region, also beispielsweise von Südkorea nach Vietnam. Dagegen investiert China erhebliche Beträge außerhalb Asiens, überwiegend in die Rohstoffförderung in Lateinamerika sowie in die Infrastruktur afrikanischer Staaten. Allein im Jahr 2005 floss die Hälfte aller chinesischen ADI beispielsweise in den Straßen- und Eisenbahnbau im Kongo und in Nigeria sowie in chilenische Kupferminen. Denn der Energie- und Rohstoffhunger des Riesenreichs ist gewaltig – und um seine ehrgeizigen Wachstumspläne zu verwirklichen, muss es sich auf Jahrzehnte hinaus Zugang zu allen benötigten natürlichen Ressourcen sichern. 46 Prozent aller Investitionen in die 15 wichtigsten Volkswirtschaften Afrikas stammten 2005 bereits aus den neuen Boomregionen, allen voran aus China.

Durch die derzeitige Krise ist der Kapitalfluss in die Schwellenländern allerdings vorübergehend zum Rinnsal verkümmert. Doch während ADI schon bald wieder in breiterem Strom in die Wachstumsmärkte Südamerikas oder der Pazifikregion fließen werden, ist ein Trend, von dem die Vereinigten Staaten lange Zeit profitiert haben, durch den globalen Finanzcrash wohl nachhaltig gebrochen worden: Das enorme Leistungsbilanzdefizit der USA gehört ebenso wie die hohen Leistungsbilanzüberschüsse Chinas der Vergangenheit an. Prof. Dr. Ewald Nowotny, Gouverneur der Oesterreichischen Nationalbank (OeNB), sagt Anfang 2009 voraus, dass Peking nach einer Phase des geordneten Übergangs tendenziell zurückhaltender werden wird, als weltgrößter Nettokapitalexporteur die Rekordverschuldung der USA zu finanzieren – und die Amerikaner entsprechend ihre Sparquote deutlich erhöhen müssten. Doch diese allmähliche Angleichung der Leistungsbilanzen wird nach Einschätzung des OeNB-Gouverneurs letztlich die Stabilität der Weltwirtschaft stärken. Und von den wachsenden Güterimporten des chinesischen Riesenreichs werden nicht zuletzt die exportstarken europäischen Volkswirtschaften profitieren.

Die neuen Giganten des multipolaren Zeitalters

Im Boom der zurückliegenden Dekade sind Anzahl und Größe multinationaler Konzerne mit Stammsitz in einem der Schwellenländer erheblich gewachsen: 62 der 500 weltgrößten multinationalen Unternehmen kamen 2007 bereits aus den „großen Sechs" – zwölf Jahre zuvor waren es lediglich 20. Ob China National Petroleum oder Bank of China (China), Samsung Electronics oder Hyundai Group (Südkorea), ob Indian Oil oder Bharat Petroleum (Indien), Pemex (Mexiko), Petrobas (Brasilien) oder der Lukoil-Konzern (Russland): Alle diese neuen Giganten des multipolaren Zeitalters agieren längst auf Augenhöhe mit den bisherigen Platzhirschen aus den USA, Japan oder dem EU-Raum, auch wenn sie in der westlichen Öffentlichkeit noch weitgehend unbekannt sind.

Das wird sich allerdings in allernächster Zukunft ändern, denn immer mehr große multinationale Unternehmen aus China oder Indien wagen den Sprung auf westliche Börsenmärkte. Auch wenn diese unter der Finanzkrise besonders zu leiden haben, wird sich der bis 2007 beobachtete

Trend mittelfristig wohl wieder fortsetzen und wahrscheinlich noch verstärken: Im NASDAQ gelistet zu sein ist für Image und Markenbekanntheit eines Unternehmens von unschätzbarem Wert und erschließt überdies einen breiteren Zugang zu Investitionskapital aus aller Welt. Von den 3200 NASDAQ-Unternehmen stammen derzeit erst 29 aus der Volksrepublik China und zehn aus Hongkong – doch diese Anzahl wird in näherer Zukunft drastisch steigen.

Für Unternehmen aus dem Westen bedeutet diese Entwicklung, dass sie mit immer mehr Wettbewerbern aus den neuen Boomregionen um Investitionskapital zu günstigen Konditionen konkurrieren müssen. Und immer häufiger werden sich ihnen die Konkurrenten aus Indien oder Brasilien auch auf ihren eigenen Heimatmärkten entgegenstellen. Dabei treten Unternehmen aus China oder Indien häufig noch als Billiganbieter von Lowtech-Produkten auf. Immer öfter aber verbergen sich hinter gediegenen westlichen Labels Unternehmen aus den neuen Boomregionen, die bevorzugt klangvolle Markennahmen aufkaufen, um auch auf diese Weise Zugang zu den Konsumentenmärkten in Europa oder Nordamerika zu erhalten. Ein Automobil der südkoreanischen Marke Hyundai oder gar aus den Werkshallen des chinesischen Herstellers Cherry kommt für kaufkräftige und imagebewusste Pkw-Interessenten aus Westeuropa wohl auch in absehbarer Zeit noch nicht in Betracht. Ganz anders sieht es aber mit einem Jaguar oder Land Rover aus – obwohl sich hinter den edlen Traditionsmarken seit 2007 der indische Tata-Konzern verbirgt.

Rivalität um Rohstoffe

Durch die Wirtschaftsflaute sind die Preise für Erdöl und andere Rohstoffe Ende 2008 eingebrochen. Aber sowie die weltweite Konjunktur wieder anspringt, werden sich auch die Preise für Öl und Gas, Mineralien und Metalle aufs Neue steil nach oben bewegen. Denn die Volkswirtschaften der neuen Boomregionen, allen voran China, und damit auch ihr Rohstoffhunger wachsen weitaus schneller als die Förderkapazitäten.

Peking hofiert Afrikas Potentaten

Von 1996 bis 2006 hat der globale Energieverbrauch um 26 Prozent zugelegt, wobei allein Chinas Ölverbrauch von 2002 bis 2007 um ungeheure 47 Prozent wuchs.

Nach einer Prognose des Weltenergierats aus dem Jahr 2007 wird der weltweite Energiebedarf bis 2050 um mindestens 70 Prozent emporschnellen – während die globalen Reserven an fossilen Energieträgern zusehends zur Neige gehen. Überdies liegt ein großer Teil der Öl- und Gasvorkommen in Ländern mit instabilen Staatssystemen oder in nahöstlichen Gottesstaaten wie dem Iran. Mit einer rigorosen Machtpolitik sichert sich China seit Jahren zielstrebig Zugang zu den Energievorkommen in Afrika. Seit dem Jahr 2000 hat sich das Handelsvolumen zwischen China und dem Schwarzen Kontinent auf 50 Milliarden US-Dollar jährlich verfünffacht. Bis 2010 soll es auf 100 Milliarden steigen, wie Chinas Vize-Außenminister im November 2006 beim China-Afrika-Gipfel in Peking ankündigte.

Der Rohstoffverbrauch in den Schwellenländern wächst aus zwei Gründen derart rapide: Die industrielle Produktion in China, Indien oder Südkorea legt seit Jahren mit hohen, teilweise zweistelligen Raten zu. Und auch in den Schwellenländern selbst sind durch diesen Boom gewaltige Konsumentenmärkte entstanden – hunderte Millionen Menschen erwerben Autos, Haushaltsgeräte sowie andere hochwertige Konsumgüter und treiben dadurch den weltweiten Energie- und Rohstoffverbrauch zusätzlich in die Höhe. Allein in China wächst der Anteil der Pkw-Besitzer jährlich um 30 bis 40 Prozent! Und bereits im Jahr 2008 hat beispielsweise die VW-Tochter Audi von ihren Mittel- und Oberklassemodellen A4 und A6 im Reich der Mitte eine größere Stückzahl abgesetzt als in ihrem deutschen Heimatmarkt.

Dabei ist der Pro-Kopf-Verbrauch von Öl und Ölprodukten in Nordamerika immer noch sieben Mal höher als in China: Je weiter die neuen Champions der multipolaren Welt zum Konsumniveau der alten Wohlstandsregionen aufschließen, desto unstillbarer wird der Durst dieser Volkswirtschaften nach fossilen Brennstoffen sein. Durch Modernisierung ihrer weithin überalterten Maschinenparks soll Chinas Industrie zwar ihre Energieeffizienz bis 2010 um 20 Prozent steigern – das sieht zumindest der aktuelle Fünfjahresplan der Staatskapitalisten in Peking vor. Auch den Anteil erneuerbarer Energien am Gesamtenergieverbrauch will die Regierung erhöhen: Derzeit steuern Wind- und Sonnenkraft magere 6 Prozent bei, bis 2020 sollen es immerhin 16 Prozent sein. Doch um ein Vielfaches schneller wächst unterdessen der industrielle und private Energiehunger im chinesischen Riesenreich.

Desgleichen verschlingt die Industrie der Schwellenländer immer größere Mengen an Metallen und Mineralien. Entsprechend gehen die Preise für Kupfer, Aluminium oder Erze seit Jahren steil in die Höhe. 30 Prozent der weltweiten Stahlproduktion wurden bereits 2003 für den Bau chinesischer Industrieanlagen, Brücken und Motoren verwendet – und bedenkenlos sichert sich Peking weltweit Schürf- und Abbaurechte. Im September 2007 schloss China ein Abkommen mit der Republik Kongo, das chinesischen Unternehmen Förderrechte für Kupfer und Kobalt, Gold und Nickel sichert. Als Gegenleistung erhielt das überschuldete, durch Bürgerkriege zerrüttete Land einen Kredit über 5 Milliarden Dollar, um seine marode Infrastruktur zu modernisieren.

Übermacht der Energielieferanten

Südafrikas damaliger Präsident Thabo Mbeki kritisierte noch Anfang 2007, dass seinem Kontinent durch die chinesische Umarmung eine „zweite Kolonialisierung“ drohe, da die afrikanischen Staaten als bloße Rohstofflieferanten von Peking abhängig blieben. Doch Beispiele wie Russland oder Venezuela zeigen, dass dies nicht zwangsläufig zutrifft: Der eurasische

Gasriese ist ebenso wie der ölreiche Karibikstaat durch den Energiehunger der multipolaren Ära binnen weniger Jahre reich geworden. Unter der gegenwärtigen Flaute leiden gewiss auch die Energielieferländer, deren bislang sprudelnde Haupteinnahmequelle zwischenzeitlich zum Rinnsal verkümmert ist. Aber sobald die Weltkonjunktur wieder Fahrt aufnimmt, werden auch die Preise für Öl und Gas erneut steil nach oben jagen – und die rohstoffarmen Abnehmerländer schmerzlich an ihre Abhängigkeit von den Energiemagnaten erinnern.

Den Europäern wurde erst Anfang 2009 wieder drastisch vor Augen geführt, wie abhängig sie auch in der Konjunkturflaute von ihren Energielieferanten sind: Wegen eines Streits um den Gaspreis drehte Russland der Ukraine kurzerhand den Gashahn zu – und damit auch allen anderen europäischen Abnehmerländern, deren Gaskontingente durch ukrainische Pipelines fließen. Bei bitteren Frosttemperaturen blieben in halb Ost- und Südosteuropa die Heizungen kalt und weder Europas Regierungschefs noch Brüssels EU-Kommissare vermochten „Gasputin", Russlands starken Mann Wladimir Putin, zum Einlenken zu bewegen. Auch bei dem schließlich ausgehandelten angeblichen Kompromiss setzte sich in Wahrheit hauptsächlich eine Seite durch: Russland, dem die nahezu bankrotte Ukraine ab 2010 den marktüblichen Gaspreis bezahlen muss. Ob der Kreml gut beraten war, seine Übermacht derart brachial auszuspielen, darf bezweifelt werden, aber nichtsdestoweniger war es ein Lehrstück zur Ohnmacht der Abnehmerländer.

So sehr haben sich die Gewichte auf dem Öl- und Gasmarkt mittlerweile verschoben, dass die Anbieter ihre Kunden durch langfristige Verträge zur Abnahme verpflichten können und die Ölscheichs vom Golf sich längst nicht mehr damit begnügen, den Barrelpreis emporzuschrauben – als Gegenleistung für die Befüllung der Pipelines fordern sie nun auch die Öffnung der Märkte für ihre eigenen Produkte.

Energieeffizienz wird zur Überlebensfrage

Wann genau die Erdöl- und Erdgasvorräte der Erde endgültig erschöpft sein werden, ist unter Wissenschaftlern umstritten. Fest steht jedoch, dass Politik und Wirtschaft, Gesellschaft und Wissenschaft weltweit ihre Anstrengungen vervielfachen müssen, um die oft beschworene Energiewende baldmöglichst zu verwirklichen – weg von den fossilen Energien, die Umwelt und Klima in bald schon katastrophaler Weise belasten, hin zu nachhaltiger Energiegewinnung aus natürlichen Ressourcen wie Sonne, Wind und Biomasse. Im multipolaren Zeitalter sind alle Staaten und Volkswirtschaften voneinander abhängig und der weltweite Wohlstand kann nur dann weiterhin wachsen, wenn die Weltgemeinschaft mit ihren endlichen Ressourcen sorgsam umgeht.

Doch auch die Potenziale zu industrieller wie zu privater Energieeinsparung sind noch bei Weitem nicht ausgeschöpft. Gerade für Unternehmen aus westlichen Hochlohnländern wird es mehr und mehr zur Überlebensfrage, dass sie den Verbrauch an Rohstoffen und Energie pro Produkt schneller senken, als die Preise für beides auf dem Weltmarkt steigen. Denn um wettbewerbsfähig zu bleiben, können sie diese Mehrkosten nicht auf ihre Produkte aufschlagen – im Unterschied zu Rivalen aus Asien oder Lateinamerika, die noch auf Jahre und Jahrzehnte mit Lohnkosten weit unter europäischem Niveau kalkulieren können. Schon die ökonomische Vernunft gebietet also, dass beispielsweise Automobilindustrie und Transportwesen oder auch die chemische Industrie ihre Arbeitsprozesse unter dem Gesichtspunkt der Rohstoff- und Energieeffizienz optimieren und erforderlichenfalls von Grund auf neu strukturieren.

Diese Umstellung wird auch aus einem weiteren Grund immer wichtiger: Die Konsumenten erwarten zunehmend, dass die Unternehmen ihrer Verantwortung für Gesellschaft und Umwelt gerecht werden. Anbieter, die ihre Produkte nachweislich ohne Raubbau an natürlichen Ressourcen hergestellt haben, können Sympathiegewinne bei den Verbrauchern erzielen, während fahrlässig handelnde Wettbewerber immer häufiger an den virtuellen Pranger gestellt werden. Das passierte zum Beispiel dem Spielzeughersteller Mattel: Als bekannt wurde, dass dessen Barbiepuppen giftige Komponenten aus chinesischen Fabriken enthielten, verbreitete sich diese Nachricht blitzschnell um den ganzen Globus – ein Imageschaden, der im multipolaren Zeitalter ruinöse Folgen haben kann.

Kampf um die neuen Konsumentenmärkte

Wenn von Indien, China, Mexiko oder Brasilien die Rede ist, haben viele Menschen aus westlichen Ländern noch immer überwiegend Bilder von Elend und Unterversorgung vor Augen. Und tatsächlich ist die Armut in den neuen Boomregionen noch keineswegs besiegt, doch auf rapide wachsenden Inseln des Wohlstands leben dort immer mehr Menschen mit einer Kaufkraft, die dem Einkommensniveau der amerikanischen oder europäischen Mittelschichten entspricht. Damit sind in den Schwellenländern neue Konsumentenmärkte für Produktions-, Dienstleistungs- und Handelsunternehmen entstanden – mit heute schon mehreren hundert Millionen Verbrauchern, deren Kopfzahl und Kaufkraft unablässig weiter wächst.

Konsumentenkaufkraft in Zahlen

Wie ungeheuer groß diese neuen Märkte und ihre Wachstumspotenziale sind, zeigen abermals einige Zahlen:

- Bereits 2007 gab es allein in China und Indien insgesamt 123 Millionen Mittelschichtshaushalte – das ist mehr als die Anzahl sämtlicher US-Haushalte.
- Noch im Jahr 2005 wendeten die Verbraucher der Triade mit 13,1 Billionen US-Dollar fast doppelt so viel für Konsumgüter auf wie die Verbraucher in den „großen Sechs“ (7,6 Billionen US-Dollar). Doch bereits 20 Jahre später werden die Konsumentenmärkte der

BRIC+2-Staaten die des „Nordens“ überholt haben: Dann werden die Verbraucher in China, Indien, Russland, Südkorea, Brasilien und Mexiko 24,8 Billionen US-Dollar ausgeben – fast 20 Prozent mehr als die Menschen in den USA, Japan und Westeuropa (20,6 Billionen US-Dollar).

- Nach Prognosen werden im Jahr 2025 mehr als die Hälfte aller Haushalts- und Unterhaltungsgeräte, PCs und Autos, Nahrungsmittel und Textilien in den einstigen Schwellenländern gekauft werden.
- Allein die chinesischen Konsumenten werden 2025 eine Kaufkraft von 14,5 Billionen US-Dollar aufbringen – fünf Mal mehr als im Jahr 2005. Die USA (12,5 Billionen US-Dollar), lange Zeit der größte Konsumentenmarkt der Erde, werden dann bereits deutlich hinter China zurückgefallen sein.
- Auch Indien und Russland werden bis dahin kräftig aufholen: Mit einem Volumen von 4,3 Billionen US-Dollar wird die größte Demokratie der Welt 2025 der drittgrößte Konsumentenmarkt sein (2005: 1,9 Billionen US-Dollar) und die russischen Verbraucher werden ihre Kaufkraft bis dahin mehr als verdreifacht haben (auf 2,49 Billionen US-Dollar gegenüber 0,75 Billionen US-Dollar in 2005).
- Der Abstand zu den Märkten in den alten Wohlstandsregionen wird sich in dieser Zeitspanne rasch vergrößern: Während für China bis 2025 ein durchschnittliches Wachstum von 8 Prozent, für Indien von 4,1 Prozent prognostiziert wurde, wird der Konsum in Deutschland (1,2 Prozent) oder Japan (1,3 Prozent) nahezu stagnieren.

Kaufrausch in den neuen Boomregionen

Noch vor zehn Jahren hatte es den Anschein, als ob auch die sozialen Aufsteiger in den Schwellenländern ihre wachsenden Einkünfte lieber zur Seite legen würden: Die Sparquote ist traditionell hoch in Staaten, die bislang weder Kranken- noch Renten- oder Arbeitslosenversicherungen kennen. Doch mittlerweile ist die Stimmung in den neuen Mittelschichten in einen regelrechten Konsumrausch umgeschlagen. Die Zuversicht, dass es – trotz zwischenzeitlicher Krisen – dauerhaft aufwärtsgeht, ist in Bombay, Shenzhen oder Seoul erheblich gewachsen, desgleichen in St. Petersburg, Rio und Mexiko City. Zur deutlich gehobenen Kauflaune tragen wohl auch die Fortschritte in der regionalen Finanzwirtschaft bei: Immer mehr Chinesen, Inder und Russen verfügen über Kreditkarten und Zugang zu Privatdarlehen und mit der Liberalisierung der dortigen Finanzmärkte wird ihre Zahl binnen Kurzem auf Hunderte Millionen von Haushalten steigen.

Unter diesen Umständen kann es nicht erstaunen, dass sich auch die multinationalen Konzerne aus den USA, Japan oder Westeuropa mehr und mehr auf die neuen Konsumentenmärkte fokussieren. Jahrzehntelang waren die Vereinigten Staaten der wichtigste Markt für Autohersteller wie Toyota, Ford oder BMW, doch bereits vor der Finanz- und Wirtschaftskrise der Jahre 2008/2009 war dort allenfalls noch ein sehr begrenztes Wachstum möglich. Das gilt genauso für Westeuropa und Japan: Die Bevölkerung schrumpft und ist zunehmend überaltert, darüber hinaus sind die Märkte überreif und hart umkämpft. Dagegen sind die riesigen neuen Märkte in Asien und Lateinamerika noch weitgehend ungesättigt: Hunderte Millionen potenzieller Kunden brennen dort darauf, sich einen Pkw zuzulegen, moderne Haushaltsgeräte und Einrichtungsgegenstände zu kaufen.

Schon die schiere Größe der Konsumentenzahl in den neuen Boomregionen zeigt, wie sehr sich die Gewichte bereits verschoben haben. In

Mexiko werden heute bereits mehr Softdrinks als irgendwo sonst auf der Welt verkauft – mit Ausnahme der USA. Nicht mehr Japan, sondern China ist schon seit einigen Jahren der – wiederum nach den USA – zweitgrößte Automarkt der Welt: 5,1 Millionen Menschen besaßen dort 2006 einen Pkw und ihre Zahl wächst jährlich um sagenhafte 30 Prozent. Schon heute nutzen im Reich der Mitte rund 400 Millionen Menschen ein eigenes Handy – deutlich mehr als in jedem anderen Land. Doch weitere 900 Millionen Chinesen warten noch darauf, gleichfalls Zugang zu drahtloser Kommunikationstechnologie zu erhalten, ein Markt von der doppelten Bevölkerungsgröße des gesamten EU-Raums.

Aber nicht nur die Einwohnerzahl wächst in den asiatischen ebenso wie in den lateinamerikanischen Schwellenländern rapide, auch das Pro-Kopf-Einkommen nimmt mit zweistelligen Raten zu. Allein von Anfang 2005 bis Anfang 2007 ist die chinesische Mittelschicht um fast 15 auf 80 Millionen Menschen gewachsen. Im Jahr 2020 werden bereits 700 Millionen Chinesen dieser neuen Wohlstandsschicht angehören. Bis dahin wird sich das Pro-Kopf-Einkommen aller Chinesen mehr als verdoppelt haben – schier unabsehbare Mengen neuer Konsumenten drängen Jahr für Jahr in die Shopping Malls von Shanghai und Wuhan, Harbin oder Nanjing. Zugleich steigt die Kaufkraft der bereits etablierten Konsumenten, die sich nun auch Premiumprodukte westlicher Labels leisten können.

Zwei Drittel aller neuen Jobs, die bis 2020 weltweit entstehen, werden in Asien geschaffen werden – in den USA dagegen werden es lediglich 3 Prozent und in Europa sogar nur 2 Prozent sein. Und während in der ersten Globalisierungsphase in den Schwellenländern hauptsächlich Niedriglohnjobs entstanden, besteht der Zuwachs mittlerweile hauptsächlich aus höherwertigen und gut bezahlten Arbeitsstellen für Facharbeiter und Ingenieure, Wissenschaftler oder Manager. Europäische Volkswirtschaften wie Österreich oder Deutschland mit ihren gesättigten, schrumpfenden Inlandsmärkten können fast nur noch durch den Export ihrer Produkte und Dienstleistungen wachsen – dagegen wird die Konjunktur in den neuen Boomregionen noch auf Jahrzehnte hinaus durch die starke Inlandsnachfrage beflügelt werden.

Von lokalen Wettbewerbern lernen

Anders als in der Anfangsphase der Globalisierung kommen aber Konsumlust und Kaufkraft der neuen Mittelschichten in den Schwellenländern keineswegs mehr automatisch den westlichen multinationalen Konzernen zugute. Vielmehr treffen die bislang unangefochtenen Champions nun auf lokale Anbieter, die sich mit den Bedürfnissen der dortigen Menschen sehr viel besser auskennen. Überdies haben die Leistungsträger in den neuen Boomregionen mit dem wachsenden Erfolg und Wohlstand ihrer Länder auch an Selbstbewusstsein gewonnen – für Produkte, die ursprünglich für die USA oder Europa entwickelt wurden und für ihre eigenen Lebens- und Arbeitsbedingungen nur begrenzt geeignet sind, lassen sie sich kaum mehr begeistern. Westliche Marken genießen nach wie vor großes Prestige, doch viele Chinesen und Inder sind stolz darauf, dass mittlerweile auch einheimische Marken weltweit geachtet und konkurrenzfähig sind – und greifen verstärkt zu Produkten von Tata oder Haier, dem größten chinesischen Elektro- und Elektronikkonzern.

Die neuen Konsumentenmärkte sind also für westliche multinationale Unternehmen höchst lukrativ, aber nicht ohne Weiteres zu erobern. Nur wenn es ihnen gelingt, sich ganz und gar auf die lokalen Besonderheiten einzustellen, haben sie eine Chance, in den neuen Boomregionen Fuß zu fassen. Die Schwierigkeiten beginnen bereits bei der typischerweise veralteten und überlasteten Infrastruktur: Verstopfte Straßen, überfüllte Häfen und Flughäfen, zusammenbrechende Telefon- und Stromnetze machen es nicht unbedingt leichter, die Konsumenten zu erreichen. Lokale Wettbewerber, die mit derlei Widrigkeiten vertraut sind, haben da oftmals einen klaren Heimvorteil.

Überdies müssen die westlichen Unternehmen lernen, ihre Produkte und Dienstleistungen sehr viel aggressiver zu kalkulieren, als sie es von ihren Heimatmärkten gewohnt sind. Die Einkommen in Asien oder Lateinamerika sind zwar rasant gestiegen, liegen aber noch immer deutlich unter den westlichen Löhnen. Einheimische Unternehmen können ihre Produkte entsprechend günstig anbieten – und ihre Wettbewerber aus dem Westen können in diesem Preiskampf nur dann mithalten, wenn sie ebenso kostengünstig produzieren. Von Unternehmen wie Haier oder dem südkoreanischen Samsung-Konzern können westliche Wettbewerber lernen, wie man sich in neuen Märkten frühzeitig etabliert und mit diesen wächst: Anfangs erwerben die Käufer eher schlichte Produkte zu erschwinglichen Preisen, aber sobald steigende Löhne es ihnen erlauben, greifen sie zu höherwertigen Angeboten.

Damit diese Strategie aufgeht, müssen die Unternehmen ihre Zielgruppe allerdings genauestens kennen, ihre Bedürfnisse und finanziellen Spielräume präzise einschätzen und imstande sein, durch entsprechend angepasste oder neu entwickelte Produkte und Dienstleistungen exakt auf diese Kundenbedürfnisse zu reagieren. Das wiederum setzt voraus, dass die Unternehmen technologische Neuerungen schneller als ihre Wettbewerber in marktfähige Produkte umsetzen und durch eine optimale Vertriebslogistik auch zeitnah in die Läden bringen können. Der deutsche Autobauer Audi hat vorgemacht, wie man auf diese Weise mit den neuen Märkten wachsen kann: Für sein frühzeitiges Asien-Engagement anfangs belächelt, ist Audi heute im Premiumsegment des stürmisch wachsenden chinesischen Automarkts unangefochten die Nummer eins.

Wettlauf um die besten Innovationen

Ob Farbfernseher oder PC, MP3-Player oder Hybridantrieb: In den zurückliegenden Jahrzehnten gingen technische Innovationen nahezu ausschließlich von den Ländern der Triade aus. Unternehmen aus Südkorea oder China traten lange Zeit lediglich als Imitatoren westlicher oder japanischer Produkte auf – doch auch diese Zeiten gehen bereits wieder zu Ende.

Schwellenländer holen rapide auf

Seit den 1990er-Jahren haben die aufstrebenden Volkswirtschaften – Riesen wie China, aber auch Zwergstaaten wie Singapur – gewaltige Anstrengungen unternommen, um ihren technologischen Rückstand zu verringern. Sie haben ihre Etats für Forschung und Entwicklung massiv aufgestockt und ihre Ausgaben für Bildung und Ausbildung dramatisch gesteigert. Denn den Regierungen in Peking, Seoul, Mexiko City oder Brasilia ist natürlich bewusst, dass ihre Länder nur dann auf der Wertschöpfungsleiter bis ganz nach oben gelangen können, wenn sie die Schlüsselkompetenzen für Erfolg in der multipolaren Welt beherrschen. Und schon heute ist klar, dass sie auch in der Königsdisziplin mit großen Schritten vorangekommen sind: Künftig werden Erfindungen und Weiterentwicklungen in rasch wachsender Zahl auch aus den neuen Forschungszentren und Entwicklungslaboren in Shenzhen, Rio de Janeiro oder Seoul hervorgehen.

Etliche F&E-Zentren in den neuen Boomregionen werden von multinationalen Unternehmen mit westlichem Stammsitz betrieben – die Triade trägt also zu dieser Entwicklung kräftig mit bei. Im indischen Bangalore etwa unterhält Microsoft einen F&E-Standort. Und Pharmakonzerne wie Novartis haben ihre Entwicklungsabteilungen nach Singapur verlegt, wo Forscher der Biochemie erstklassige Arbeitsbedingungen vorfinden.

So ehrgeizig wie erfolgreich profiliert sich der asiatische Stadtstaat als Forschungszentrum der multipolaren Welt: Singapur investiert derzeit jährlich 5 Milliarden US-Dollar in Forschung und Entwicklung – bis 2011 soll der F&E-Etat sogar auf den doppelten Betrag gesteigert werden. Mit einem F&E-Anteil von 3 Prozent seines Bruttoinlandsprodukts lag Singapur Ende 2007 vor den USA (2,7 Prozent) und weit vor der Europäischen Union (1,8 Prozent). Besorgt hat die EU-Kommission prognostiziert, dass auch China bereits 2010 prozentual mehr als Westeuropa für Forschung und Entwicklung ausgeben wird.

Noch liegt die Triade bei der Zahl der Patente vor den neuen Rivalen aus Asien: Japan allein brachte es 2007 auf über 396.000 Patente, übertroffen nur von den USA (ca. 456.000), während in Europa lediglich 141.000 Patentanmeldungen zu verzeichnen waren. China (245.000) und Südkorea (173.000) haben die Verfolgung aufgenommen – und wiederum braucht man keine prophetischen Fähigkeiten, um vorauszusagen, dass sich die Gewichte hier in naher Zukunft ebenfalls drastisch verschieben werden. Denn auch durch die demografische Alterung wird die Innovationskraft der alten Wohlstandsregionen gedrosselt. In Ländern mit sinkender Bevölkerungszahl schrumpft der Talentpool und die Flexibilität sowie die Experimentierfreude der Gesellschaft insgesamt nehmen ab. Darunter leidet die Fähigkeit, technologische Erneuerungen in innovative Produkte umzuwandeln. Bei der Zahl der Patente gehört Japan zwar immer noch zur Weltspitze, doch bei der Umsetzung von Erfindungen in zukunftsweisende Produkte kommt Nippon nur noch auf Rang 14.

Die F&E-Elite von morgen

Auch in früheren Zeiten hat es Ländern wie Brasilien oder Südkorea nicht an kreativen Köpfen gemangelt, doch mangels angemessener Ausbildungs- und Arbeitsmöglichkeiten besuchten die meisten von ihnen Hochschulen in den USA, Japan oder Europa. Anschließend arbeiteten sie als Forscher und Entwickler bei Unternehmen wie Toyota, General Electric oder Nokia, die ihre Erfindungen in innovative Produkte umsetzten. Nun aber beginnt sich der Braindrain umzukehren. Drei Einflussfaktoren addieren sich hierbei zu einem massiven Trend:

1. Junge Wissenschaftler aus Asien oder Lateinamerika, die an westlichen Top-Universitäten studiert und in führenden Unternehmen der Alten Welt erste Berufserfahrungen gesammelt haben, kehren

in ihre Heimatländer zurück, wo sie mittlerweile ebenso gut bezahlte und hochwertige Arbeitsangebote vorfinden.

2. Zugleich entlassen die Hochschulen in Seoul, Neu Delhi oder Peking immer mehr junge Absolventen der Informatik und der Ingenieurwissenschaften, die den Arbeitsmärkten der neuen Boomregionen als bestens ausgebildete Spezialisten zur Verfügung stehen: Bereits 2006 kamen 45 Prozent der weltweiten Absolventen aus einer asiatischen Hochschule – aus Westeuropa dagegen nur 16 Prozent, aus den USA lediglich 12 Prozent.

3. Das wiederum machen sich zunehmend westliche multinationale Unternehmen zunutze, indem sie ihre Forschungs- und Entwicklungslabore in die Schwellenländer auslagern. Dort sind die Arbeitskosten noch immer weit niedriger als in den USA oder gar in westeuropäischen Hochlohnregionen.

Staatliche Fördergelder für F&E

Schwellenländer wie China, Singapur oder Indien stocken nicht nur ihre eigenen F&E-Budgets massiv auf, sie locken auch gezielt Entwicklungslabore und Hightech-Unternehmen durch Fördergelder und steuerliche Vergünstigungen an.

Bei der staatlichen Forschungsförderung hat China nach Berechnungen der OECD Japan bereits hinter sich gelassen. Noch liegen die USA, die nahezu ein Drittel der weltweiten Forschungssubventionen erbringen, deutlich vor dem Reich der Mitte (13 Prozent). Aber China, das seinen Forschungsetat um jährlich 17 Prozent vergrößert, wird den bisherigen Champion bald eingeholt haben, denn die USA bringen es lediglich auf jährliche Steigerungsraten von 4 bis 5 Prozent.

Singapur setzt alles daran, sich als Nummer-eins-Forschungsstandort für Biochemie zu etablieren. Taiwan hat einen Industriepark für Start-ups und Forschungslabore gegründet und wendet erhebliche Beträge auf, um seine Position als führender Standort der Halbleiterindustrie zu verteidigen und möglichst noch auszubauen. Indien wiederum hat sein Bildungssystem reformiert, um gezielte Ausbildung in Zusammenarbeit mit Industriepartnern zu ermöglichen. Und die Chinesen bereiten eine umfassende Modernisierungsoffensive vor, um durch Milliardeninvestments die heimische Energiewirtschaft, Flugzeug- und IT-Technologie sowie Biotech- und Atomindustrie weltweit konkurrenzfähig zu machen. Nummer eins im Wissenschaftsförderungsprogramm der Chinesen ist die Nanotechnologie: Im Jahr 2007 hielt Peking bereits 12 Prozent aller Patente in diesem Bereich – die Chancen stehen also gut, dass Nanotech die erste Hochtechnologie sein wird, bei der ein Schwellenland die Triade überflügelt.

Bei einer Umfrage der UNO-Organisation UNCTAD (United Nations Conference on Trade and Development) wählten Top-Manager das Reich der Mitte, bezogen auf den Zeitraum 2005 bis 2009, bereits auf Platz eins.

Konsequenzen für F&E-Standorte der Unternehmen

Schon in naher Zukunft werden hochkarätige Forschungs- und Entwicklungszentren auf allen Kontinenten zu finden sein. Heute bereits zeichnet sich eine Weltkarte der Wissenschafts- und Hochtechnologiestandorte ab, wobei sich die Länder – aus historischen oder politischen Gründen – auf unterschiedliche Gebiete spezialisieren. Brasilien beispielsweise ist führend auf den Gebieten der Bioenergie und der Agrartechnologie. Singapur bietet beste Bedingungen für F&E in den Bereichen Halbleiter- und Chiptechnologie. Indien wiederum hat sich unter anderem auf IT und Telekommunikation, aber auch auf Biotechnologie spezialisiert, Südkorea dagegen auf elektronische Konsumgüter.

Die Folgerungen für multinationale Unternehmen liegen auf der Hand. Sie werden auch ihre F&E zunehmend aufteilen und einzelne Teilbereiche dorthin verlagern, wo sie jeweils die günstigsten Bedingungen vorfinden: Top-Spezialisten und niedrige Kosten, innovationsfreundliche Regierungen und junge, kaufkräftige Konsumentengruppen, die für neuartige Produkte aufgeschlossen sind.

Anders als in der ersten Phase der Globalisierung müssen westliche multinationale Konzerne nun aber darauf gefasst sein, dass einheimische Unternehmen mit ihnen um die Top-Arbeitskräfte ebenso wie um die lokalen Konsumentenmärkte wetteifern. Dennoch bleibt Unternehmen aus den alten Industrieregionen schon heute keine andere Wahl mehr, als ihre F&E-Abteilungen in die neuen Boomregionen auszulagern – und sie dort bestmöglich mit Hochschulen und Forschungsinstituten zu vernetzen. Denn nur wenn ihre Entwicklungs- und Innovationsexperten mit den lokalen Besonderheiten und den Bedürfnissen der Kunden vertraut sind, können sie auch neue Produkte entwickeln, die diesen Kundenerwartungen entsprechen. So sind die Zeiten unwiderruflich vorbei, in denen sich Käufer in Brasilien oder Indien mit veralteten Produktversionen westlicher Marken abspeisen ließen. Die anspruchsvoller gewordene Kundschaft erwartet Lösungen, die speziell auf ihre Bedürfnisse zugeschnitten und dennoch für sie bezahlbar sind – wie beispielsweise das Mobiltelefon Nokia 1100, das der finnische Handyhersteller eigens für den indischen Markt herausgebracht hat: Zur Schmutzabwehr ist das Gerät mit einer Silikonhülle versehen, außerdem mit einer Antirutschbeschichtung, damit es auch schweißfeuchte Hände sicher festhalten können. Überdies ist das Nokia 1100 mit einem kleinen Scheinwerfer ausgestattet, ein äußerst nützliches Feature bei den in Indien, Pakistan oder Indonesien mancherorts alltäglichen Stromausfällen.

Geistiges Eigentum besser schützen

Noch zögern manche westlichen multinationalen Unternehmen, ihre F&E nach Asien oder auch nach Osteuropa auszulagern, denn einige Schwellenländer stehen noch immer in dem Ruf, Hochburgen von Designkopierern, Technikspionen und Markenpiraten zu sein. Doch die Regierungen dort haben mittlerweile erkannt, dass internationale Abkommen zum Schutz des geistigen Eigentums in ihrem ureigenen Interesse sind. Um Erfindungen und Innovationen ihrer einheimischen Think Tanks und Unternehmen zu schützen, bleibt ihnen gar nichts anderes übrig, als Urheberrechtsverstöße mit der gebotenen Schärfe zu ahnden. Auch um weiterhin ausländische Direktinvestitionen anzuziehen, müssen die neuen Boomregionen bestehenden Abkommen zum Schutz geistigen Eigentums beitreten beziehungsweise eigene Standards entwickeln.

Beim Patentschutz für Endprodukte und Herstellungsprozesse kommt nach wie vor dem TRIPS-Abkommen (Trade Related Aspects of Intellectual Property Rights) große Bedeutung zu: Es trat 1995 zusammen mit dem GATT-Abkommen in Kraft und ging wie dieses im Regelwerk der Welthandelsorganisation WTO auf. Tatsächlich scheinen die TRIPS-Bestimmungen zumindest im Pharma-Bereich der Produktpiraterie entgegenzuwirken: Seit 1995 und nochmals seit 2001, als China der WTO beigetreten ist, ist die Zahl der illegalen Arzneikopien merklich gesunken.

Auf anderen Gebieten übernehmen die Schwellenländer sogar bereits Vorreiterrollen, um geistiges Eigentum wirksam zu sichern. China beispielsweise arbeitet an Schutzstandards für mobile Telekommunikation und Singapur entwickelt entsprechende Bestimmungen für internationale Webservices, die bislang nur unzulänglich gegen Piraterie geschützt sind. Wie ernst China mittlerweile den Kampf gegen Produktkopierer nimmt, zeigt eine aktuelle juristische Entscheidung. Jahrelang hatte Neoplan, eine Unternehmenstochter des deutschen MAN-Konzerns, vor einem Gericht in Peking gegen den chinesischen Hersteller Zhongwei prozessiert, der ein Neoplan-Busmodell schlichtweg geklont hatte. Jetzt gaben die chinesischen Richter den Klägern recht und verurteilten die einheimischen Produktpiraten zu Schadenersatz in Höhe von rund 20 Millionen Yuan (2,3 Millionen Euro). Das fragliche Modell muss zudem vom Markt genommen werden.

Die multipolare Welt in der Krise

Wie wird sich die multipolare Welt während und nach der gegenwärtigen globalen Wirtschafts- und Finanzkrise weiterentwickeln? Angesichts ihrer Dimensionen sind Prognosen fehleranfällig und nur mit großen Vorbehalten möglich. Eines jedoch lässt sich trotz aller Unwägbarkeiten voraussagen: Die Jahre 2009/2010 werden für die Wirtschaft zu einer besonderen Herausforderung. Österreich erlebt ebenso wie viele andere Staaten aus der Triade seine schwerste Krise seit dem Zweiten Weltkrieg. Die Unternehmen vieler Branchen sind mit sinkender Nachfrage bei gestiegenen Risiken und Ungewissheiten konfrontiert. Zugleich sehen die Aktionäre skeptisch in die Zukunft und die Regierungen beginnen, die Märkte wieder stärker zu regulieren. Unternehmen, die sich zusätzlich auf diese neuen Bedingungen einstellen, kommen am besten durch die Unbilden des Abschwungs – und sind für den nächsten Aufschwung am besten gerüstet.

Die drei bereits skizzierten Megatrends, die zur Entstehung der multipolaren Welt geführt haben, werden jedoch durch die derzeitige Krise nicht etwa abgeschwächt, im Gegenteil:

- Die weltweite wirtschaftliche Verflechtung und wechselseitige Abhängigkeit aller wichtigen Volkswirtschaften wird durch die aktuellen Anpassungsprozesse eher noch verstärkt.
- Auch die IT-Revolution geht unablässig weiter, lässt räumliche Entfernungen schrumpfen und erlaubt die digitale Steuerung immer komplexerer Prozesse rund um den Globus.
- Ebenso werden Größe und Reichweite der multinationalen Konzerne durch die Krise nicht abnehmen, sondern zunehmen.

Das hat Folgen für die fünf Kerndimensionen der multipolaren Welt, denn der globale Konkurrenzkampf um Konsumenten und Arbeitskräfte, um Ressourcen, Kapital und Erfindungen setzt sich unvermindert heftig fort.

Unstrittig ist hierbei vor allem, dass auch die Energie- und Rohstoffpreise in wenigen Jahren wieder ihre Höchststände von 2008 erreichen oder diese sogar noch übertreffen werden. Und: Die globale Krise hat zwar schmerzliche Auswirkungen auf die Arbeitsmärkte – weltweit verlieren derzeit Millionen Menschen ihre Jobs –, nichtsdestoweniger sind gut ausgebildete Spezialisten etwa im Maschinenbau oder in der Automobilindustrie unverändert begehrt und werden es künftig noch mehr sein – in den alten Industrieregionen ebenso wie in Asien oder Lateinamerika.

Daneben werden drei weitere Herausforderungen, mit denen in diesem Ausmaß noch bis vor Kurzem kaum jemand gerechnet hätte, zumindest während der nächsten ein bis zwei Jahre die weitere Entwicklung der multipolaren Welt wesentlich mitprägen:

1. die Renaissance eines starken „keynesianischen“ Staates,
2. eine extreme Volatilität der Verbrauchsgüterpreise, die nach ihrem inflationären Höhenflug der letzten Jahre derzeit in freiem Fall sind – und schon in wenigen Jahren möglicherweise wieder steil nach oben jagen werden,
3. die weltweite Kapitalverknappung als Folge der Finanzkrise: Aus der „Kreditschwemme“ des letzten Jahrzehnts ist praktisch über Nacht eine „Kreditklemme“ für Staaten, Unternehmen und Konsumenten geworden.

Wie es zur Krise gekommen ist

Doch wie sind die aktuellen Turbulenzen eigentlich entstanden? Während der letzten Jahre haben sich globale Ungleichgewichte auf den Finanzmärkten aufgebaut, die sich schließlich in der Kreditkrise und der tiefen Erschütterung des globalen Finanzsystems entluden. Vor allem in Asien und den Öl exportierenden Ländern hatten sich gewaltige Sparguthaben aufgetürmt, da die Konsumenten und die Unternehmen in diesen

Regionen einen großen Teil ihres verfügbaren Kapitals auf die hohe Kante legten. Die dortigen Kapitalmärkte sind jedoch unterentwickelt und so floss ein erheblicher Teil des überschüssigen Kapitals in die USA. Die starke ausländische Nachfrage nach US-Staatsanleihen sorgte dafür, dass die Zinsen für langfristige Kredite in den Vereinigten Staaten niedrig blieben. Durch die Zinssenkungspolitik der Federal Reserve Bank unter Alan Greenspan nach den Anschlägen vom 11. September und durch den Dotcom-Crash 2001 kam zusätzlich billiges Geld auf den Markt. Da außerdem die US-Volkswirtschaft rapide wuchs, stieg der Konsum exzessiv an – und mit ihm die Inflation bei Vermögenswerten, insbesondere bei Immobilien.

Diese günstigen Rahmenbedingungen ermutigten die Wirtschaft, riskante neue Wege einzuschlagen. Viele Banken erweiterten ihr Geschäftsmodell und brachten innovative Finanzprodukte auf den Markt, um ihre Einnahmen zu steigern. Mit Unterstützung der Regierung vergaben sie Hauskredite an US-Amerikaner, deren Einkommen für den Kauf eines Eigenheimes eigentlich nicht ausreichend war. Die Auswirkungen auf die Volkswirtschaft schienen zunächst unzweifelhaft und ausschließlich positiv: Die Baubranche, Handwerker und Möbelhäuser profitierten vom Hausbauboom, Bankangestellte und Aktionäre ebenso – und lange Zeit auch die Hauseigner selbst.

Doch ein großer Teil dieser sogenannten Subprime-Kredite war mit flexiblen Zinsen ausgestattet, die nur in der Anfangsphase niedrig waren – in späteren Phasen aber auf das Fünf- oder Sechsfache klettern können. Da der Staat für niedrige Zinsen sorgte und die Immobilienpreise immer weiter stiegen, schien es den Hausbesitzern nur logisch, immer höhere Hypotheken auf ihre Immobilien aufzunehmen. Auch Hausbesitzer, deren Einkommen an sich ausreichte, um die Kredite zu bedienen, wurden durch die Immobilienblase zu sträflichem Leichtsinn verleitet: Da der Wert ihrer Häuser scheinbar unaufhaltsam stieg, fühlten sie sich reicher, als sie „tatsächlich“ waren, sparten deshalb weniger – und nahmen weitere Kredite auf, um ihre wachsenden Konsumansprüche zu befriedigen.

Doch dann begannen die Zinsen zu steigen, und die Immobilienpreise stagnierten. Da zugleich bei vielen Kreditnehmern die erste Kreditphase mit den niedrigen Zinsen auslief, schnellte die Zahl der Subprime-Verträge, die nicht mehr bedient werden konnten, steil nach oben. Die Folge: Vielen Hausbesitzern blieb nichts anderes übrig, als ihrer Bank den Hausschlüssel zurückzugeben.

Der Kollaps des US-Marktes für Subprime-Kredite bescherte den Banken erhebliche Verluste. Die Analysten von Bloomberg errechneten im August 2008, dass sich die Abschreibungen auf kreditgestützte Wertpapiere und der darauf folgende Kredit-Crunch auf mehr als eine halbe Billion US-Dollar summierten. Einige Analysten gehen sogar davon aus, dass sich die Verluste insgesamt auf zwei Billionen US-Dollar belaufen könnten – irrsinnige 14 Prozent des Bruttonationaleinkommens (BNE) der Vereinigten Staaten.

Früher wären die direkten Folgen eines solchen Immobilienmarkt-Crashs weitgehend auf die einheimische Wirtschaft begrenzt geblieben. Doch aufgrund der komplexen Absicherungsprozesse der global operierenden Finanzdienstleistungsinstitute und der wachsenden Deregulierung des internationalen Finanzsystems wirkten sich die Ausfälle bei den Subprime-Krediten rund um den Globus aus. Die Hypothekenbanken bündelten Wertpapiere, die durch die Subprime-Kredite abgesichert waren, mit weniger riskanten Darlehen, Bonds oder Vermögenswerten zu sogenannten Collateralized Debt Obligations (CDOs, dt.: Besicherte Schuldverpflichtungen), verkauften sie an Investmentbanken weiter und buchten sie aus ihren Bilanzen aus. Diese CDOs wurden von Investoren rund um den Erdball gekauft und weiter gehandelt. Dadurch stieg die Reichweite der Finanzdienstleister – also der Banken, Versicherungsunternehmen und Hedge-Fonds – nochmals. Wer bei diesem Handel welche Risiken trug und wie diese vernetzt waren, wurde undurchschaubar. Doch das kümmerte niemanden, solange die Preise für Immobilien und Wertpapiere weiter stiegen und die Banken satte Gewinne einfuhren: Zirka 40

Prozent aller Profite weltweit wurden im Boom-Jahrfünft 2002 bis 2006 im Finanzsektor erzielt.

Als dann die weltweit gestreuten CDOs platzten und eine Vielzahl von Käufern massive Verluste beklagten, stürzte der kollabierende US-Markt für Subprime-Kredite die Banken in eine beispiellose Krise: Kaum jemand konnte sich vor diesen „toxischen" Wertpapieren noch sicher fühlen. Über 300 Hypothekengesellschaften und 20 Banken mussten bis Anfang 2009 allein in den USA Insolvenz anmelden. Nach einer Studie der Universität St. Gallen musste die globale Finanzindustrie bis zu diesem Zeitpunkt etwa drei Billionen US-Dollar abschreiben.

Eine Folge dieses Desasters war ein furchtbarer Vertrauensverlust, der den Libor (London Interbank Offered Rate) emporschnellen ließ – den Zinssatz, zu dem sich Banken untereinander Geld leihen und der zugleich als Basis für zahlreiche Wirtschaftsverträge dient. Dadurch wurde die Fähigkeit von Banken, Geld zu verleihen, empfindlich beeinträchtigt – insbesondere von solchen Banken, die auf den Kapitalmarkt angewiesen sind, da sie auf keine beziehungsweise unzureichende Kundenguthaben zurückgreifen können.

Verzweifelte Rettungsversuche

In der Hoffnung, auf diese Weise das Vertrauen wiederherzustellen und den Geldkreislauf in Gang zu bringen, stellten die Zentralbanken der großen Volkswirtschaften den Banken Notfallkredite zur Verfügung. Milliarden US-Dollar wurden so in den Weltmarkt gepumpt, doch angesichts der sich weiter aufhäufenden Subprime-Verluste und der anhaltenden Verkrampfung der Kapitalmärkte reichten selbst diese Maßnahmen nicht aus, um den Zusammenbruch oder Notverkauf der weltgrößten Finanzinstitute zu verhindern. Die Investmentbanken Bear Stearns und Merrill Lynch wurden von größeren Wettbewerbern geschluckt und dadurch gerettet; Lehman Brothers aber ging zugrunde, da sich nicht rechtzeitig ein Retter fand. Weitere Banken erhielten die gesetzliche Auflage, ihre Eigenkapitalquote zu erhöhen. In den USA ebenso wie in Europa mussten die Regierungen angeschlagenen Banken zur Seite stehen, indem sie Anteile der Geldinstitute übernahmen.

Im Verlauf der Krise verloren die Aktionäre Billionen US-Dollar, während die Banken die Vermögenswerte in ihren Büchern immer weiter nach unten korrigierten. Von Jänner 2008 bis Jänner 2009 fielen die Aktienindizes S&P und FTSE um rund 34 beziehungsweise 25 Prozent; auch der österreichische Börsenindex stürzte in diesem Zeitrum um dramatische 54 Prozent. Der US-Kongress verabschiedete ein Paket im Wert von 700 Milliarden US-Dollar, um Anteile an den taumelnden Finanzinstituten zu kaufen und diese in einem nächsten Schritt mit frischem Kapital zu versorgen. Die Regierungen in Europa unternahmen ähnliche Schritte, um ihre einheimischen Banken vor dem Zusammenbruch zu bewahren – allein Österreich spannte einen „Bankenrettungsschirm" im Volumen von 100 Milliarden Euro auf.

Während das Jahr 2008 im Bann der Kreditklemme und der Finanzmarktkrise stand, verschiebt sich der Fokus seither auf die Realwirtschaft und den sich ausweitenden wirtschaftlichen Abschwung. Da die Banken weder einander noch den Unternehmen trauen und die Konsumenten zudem das Vertrauen in die Finanzprodukte der Geldhäuser verloren haben, wird der Markt zunehmend von einer umfassenden Liquiditätsfalle gelähmt. In allen großen Volkswirtschaften der Welt verlangsamt sich das Wachstum und wird auch in näherer Zukunft gedrosselt bleiben. Die Euro-Zone und Japan schrumpfen 2009 ebenso wie Großbritannien und die USA. Nach Ansicht aller führenden Ökonomen befindet sich die Weltwirtschaft in einer heftigen Rezession.

Schwellenländer kommen schneller durch die Krise

Auch in den großen Schwellenländern ist das Wachstumstempo der letzten Jahre jäh heruntergebremst worden. Die Hypothese, dass sich Länder wie China oder Indien von einer negativen Wirtschaftsentwicklung im Westen gänzlich abkoppeln könnten, hat sich als wenig stichhaltig erwiesen. Dennoch leben wir immer noch in einer Welt mit zwei unterschiedlichen Geschwindigkeiten. Das gesamte Nettowachstum der Weltwirtschaft wird 2009 in den aufstrebenden Märkten erzielt, während es in sämtlichen alten Industrieregionen abwärts geht. Doch dadurch werden sich die Gewichte hin zu einer multipolaren Welt nur noch stärker verschieben: Der Anteil der Schwellenländer an der Weltwirtschaft wächst schneller als bislang vorhergesagt.

Allerdings gibt es zwischen den aufstrebenden Märkten beträchtliche Unterschiede. Insgesamt sind die Schwellenländer besser als die alte Triade gegen die aktuellen Turbulenzen gewappnet, aber es gibt Ausnahmen. Länder wie Argentinien und Mexiko, die Türkei und die baltischen Staaten leiden erheblich unter der sinkenden Nachfrage in den USA und Westeuropa. Dagegen wachsen – laut aktuellen Prognosen von Bloomberg und Goldman Sachs – China und Indien ebenso wie etliche der kleineren asiatischen Newcomer auch 2009 weiter, wenngleich mit gedrosseltem Tempo. Brasilien muss sich nach jüngsten Prognosen (Stand März 2009) auf einen zwischenzeitlichen Downturn einstellen. Aber die Wirtschaft des lateinamerikanischen Riesenlandes gilt als im Prinzip gesund und das Bankensystem als stabil. Experten erwarten daher, dass Brasilien als eines der ersten Länder weltweit die Krise überwinden wird.

In weiten Teilen Osteuropas jedoch ist nach übereinstimmendem Urteil der Analysten für absehbare Zeit der Boom vorbei. In Ländern wie der Ukraine, Ungarn und Rumänien wurde der Aufschwung allzu großzügig auf Kredit finanziert: Alle drei Staaten stehen kurz vor dem Bankrott.

Dass dagegen die beiden asiatischen Champions China und Indien – wenngleich mit stark verringertem Tempo – weiter wachsen, kann nicht allzu sehr verwundern. Indien mit seiner Exportquote von unter 20 Prozent ist von der globalen Rezession noch am wenigsten berührt. Und China ist mit einer Ausfuhrrate von rund 70 Prozent zwar auf Wachstum in den USA und Europa hochgradig angewiesen; aber die Nachfrage im Inland und in der pazifischen Region reicht dennoch für ein Wachstum aus, das man hierzulande als Wirtschaftswunder bejubeln würde.

China könnte also aufgrund der gegenwärtigen Verschiebungen sogar schneller als bislang vorausgesagt zur Lokomotive der Weltwirtschaft werden. Mit einem kleinen Fragezeichen muss man diese Prognose allerdings versehen: Pekings politische Führung selbst hat in der Vergangenheit mehrfach darauf hingewiesen, dass das Riesenreich um mindestens 8 Prozent jährlich wachsen muss, damit sich die gewaltigen Gegensätze zwischen neureichen Aufsteigern und der nach wie vor bitterarmen Landbevölkerung nicht in sozialen Unruhen oder ärgeren Eruptionen entladen.

Entsprechend ihrem wachsenden weltwirtschaftlichen Gewicht werden die aufstrebenden Länder auch auf mehr Mitsprache in den Zirkeln der führenden Wirtschaftsmächte pochen. Und ohne eine angemessene Beteiligung wird sich in der Tat keine der großen Herausforderungen meistern lassen, mit denen Regierungen und internationale Institutionen gegenwärtig weltweit konfrontiert sind: eine tragfähige Reform des internationalen Finanzsystems, koordinierte Maßnahmen gegen den drohenden Klimawandel und die weitere Liberalisierung des Welthandels, der vor protektionistischen Reflexen im Gefolge der Krise beschützt werden muss.

Drei neue Herausforderungen für Unternehmen – weltweit und in Österreich

Vor dem Hintergrund der gegenwärtigen weltwirtschaftlichen Turbulenzen und politischen Aufgaben lassen sich drei Schlüsselthemen benennen, mit denen die Unternehmen in den Jahren 2009 und 2010 zurechtkommen müssen. Wie alle Herausforderungen bergen auch sie große Chancen für diejenigen Unternehmen, die sich am besten auf die gegenwärtigen schwierigen Bedingungen einstellen.

Die Renaissance des starken Staates – Warum neue Regulierungen Gefahren, aber auch Chancen bergen

Wohl kaum jemand hätte noch vor Kurzem vorhergesagt, dass die Regierungen 2008 und 2009 derart massiv in den Markt eingreifen würden. Um das internationale Finanzsystem zu retten und die Vertrauenskrise der Banken zu überwinden, pumpten sie Billionen Euro in die Weltmärkte – das größte Wirtschafts-Hilfsprogramm in der Geschichte. Weite Teile des Finanzsektors in der ganzen Welt sind nun in staatlicher Hand. So hat die US-Regierung die Kontrolle über die Kreditbanken Fannie Mae und Freddie Mac übernommen. Auch die Citigroup und AIG, das größte Versicherungsunternehmen der USA, wurden de facto verstaatlicht. In Großbritannien hat die Regierung gleichfalls Anteile großer Banken übernommen, etwa von HBOS und der Royal Bank of Scotland. Die Regierungen der Benelux-Staaten mussten den Finanzdienstleistungskonzern Fortis durch Teilverstaatlichung vor dem Kollaps bewahren, als die US-Finanzkrise globale Dimensionen annahm. Und im Jahr 2009 sprangen die Regierungen beiderseits des Atlantiks weiteren Banken mit Notprogrammen und Kapitalspritzen bei. Hierzulande hat die Bankenkrise bislang (Stand Feber 2009) zwar kein Geldinstitut zu Fall gebracht, doch Österreichs Banken sind mit Milliardenbeträgen in den osteuropäischen Staaten engagiert – und nach Schätzungen von Goldman Sachs könnten sich im Baltikum und auf dem Balkan bis zu 30 Prozent aller Kredite als faul erweisen.

Auch Fiskalpolitik ist im Zeichen der Krise wieder en vogue. Die traditionellen finanzpolitischen Instrumente haben sich als weitgehend wirkungslos erwiesen: Weiterhin zögern die Banken, ihren Kunden oder untereinander Geld zu leihen, obwohl die Zentralbanken ihre Leitzinsen teilweise auf historische Tiefstände gesenkt haben. Als Waffen im Kampf gegen eine tiefe und langwierige Rezession setzen die Regierungen nun verstärkt auf antizyklische Steueranreize. Die britische Regierung hat ein Konjunkturprogramm von rund 20 Milliarden Pfund beschlossen – die Mehrwertsteuer wurde drastisch gesenkt, um die Konsumentennachfrage anzuschieben, und Investitionen in Schulen, Krankenhäuser und Straßen werden vorgezogen, um die heimische Wirtschaft mit Aufträgen zu versorgen. Die neue US-Administration will die Wirtschaft mit einem gigantischen Konjunkturpaket von 780 Milliarden US-Dollar in Schwung bringen. Die 15 Mitgliedsstaaten der Euro-Zone haben ein koordiniertes Konjunkturpaket im Umfang von 200 Milliarden Euro angekündigt. Auch China will umgerechnet fast 440 Milliarden Euro in seine Infrastruktur investieren, um die Inlandsnachfrage zu beflügeln.

In einem vor Kurzem noch undenkbaren Ausmaß und Tempo wird durch derlei Staatsinterventionen die Deregulierung der zurückliegenden drei Jahrzehnte revidiert. Weitere staatliche Eingriffe werden nahezu unvermeidlich folgen: in Form neuer regulatorischer Maßnahmen, mit denen dem Marktversagen begegnet werden soll.

Aber wird es bei gezielten und intelligenten Regulierungen bleiben? Die Regierungen müssen sehr behutsam vorgehen, damit sie die Weltwirtschaft und das Geld der Steuerzahler durch ihre Maßnahmen schützen – und nicht die Wettbewerbsfähigkeit und Innovationskraft der etablierten Finanzmärkte schwächen. Neue Finanzzentren, etwa Dubai und Shanghai, warten nur darauf, dass New York und London sich durch Überregulierung lähmen.

Wenn die Volkswirtschaft schrumpft und die Arbeitslosenzahl steigt, liegt die Versuchung des Protektionismus nur allzu nahe – dies zeigen die Beispiele USA, wo eine Buy-American-Klausel im staatlichen Konjunkturprogramm zumindest ernsthaft diskutiert wurde, oder Frankreich, wo Staatspräsident Nicolas Sarkozy die heimische Autoindustrie mit Milliarden an Steuergeldern aus der Bredouille schieben will. Überdies neigen die Regierungen in schlechten Zeiten dazu, die Sozialausgaben zu erhöhen. Die Unternehmen müssen solche Maßnahmen und Trends in den einzelnen Ländern genau beobachten, um erfolgreich in der multipolaren Welt zu agieren.

Die Wirtschaft sollte auch in die Gestaltung der neuen Regulierungskulisse einbezogen werden. Unternehmen und ihre Interessenverbände müssen den Dialog mit Regierungen und Regulierungsbehörden suchen, um ihre Standpunkte rechtzeitig in die Debatte einzubringen. Für ihre langfristige Planung brauchen die Unternehmen Klarheit über vorgesehene Maßnahmen. Wenn der Staat wieder an Gewicht gewinnt und die Märkte strikter reguliert, werden dadurch einige wirtschaftliche Aktivitäten eingeschränkt – aber daraus können auch neue Chancen für Unternehmen und neue Modelle der Kooperation des öffentlichen und des privaten Sektors entstehen.

Achterbahn der Preise – Wie Unternehmen deflationären Risiken begegnen können

2008 war das Jahr sprunghafter Preissteigerungen bei Energie und Lebensmitteln – da mag es seltsam klingen, wenn Wirtschaftsexperten wie Hans-Werner Sinn, Präsident des Münchner Ifo-Instituts, mittlerweile vor abstürzenden Verbraucherpreisen warnen. „Nicht die Inflation, sondern eine Zeit des Deflationsdrucks japanischer Prägung mit immer weiter steigenden Staatsschulden ist die Gefahr, die der Welt in den nächsten Jahren droht“, erklärte Sinn im März 2009 unter Hinweis auf die wirtschaftlich desaströsen 1990er-Jahre im Land der „untergehenden Sonne“.

Nicht alle Ökonomen teilen diese Befürchtung, und doch ist die Gefahr durchaus real. Die Weltwirtschaft „ist von einer Klippe gestürzt", wie Finanz-Ikone Warren Buffett treffend schrieb. Der Kaufrausch der Konsumenten weicht mehr und mehr einem Kater: Im November 2008 erfuhren die Preise für Konsumgüter in den USA mit einem Minus von 1,7 Prozent den stärksten jemals gemessenen Rückgang. Beispiel Erdöl: Im März 2009 kostete ein Barrel des schwarzen Goldes nicht einmal mehr 50 US-Dollar – rund 100 US-Dollar weniger als im Juli 2008.

Dieser Trend setzt sich rund um den Globus weiter fort. Das weltweite Wirtschaftswachstum wird immer schleppender, viele Länder sind bereits in die Rezession geschlittert und der Preissturz gewinnt zunehmend deflationäre Züge. Die Verbraucher geben weniger aus, denn ihre Zuversicht hat unter dem Preisverfall bei Immobilien und Wertpapieren gelitten. Folglich verschärft sich für die Unternehmen der Wettbewerb – wodurch die Preise noch stärker unter Druck geraten. Statt zu Premiumprodukten greifen immer mehr Konsumenten zu preisgünstigen Alternativen und in den Läden werden entsprechend die Angebote ausgetauscht. Rund um den Erdball geht die Inflation deutlich zurück: In China sank sie zwischen Feber und Oktober 2008 von 8,7 Prozent auf 4 Prozent. In den USA stiegen die Preise im gesamten Jahr 2008 um durchschnittlich nur noch 0,1 Prozent (auf dem Höhepunkt im Juli 2008 betrug die Geldentwertung in den Vereinigten Staaten noch rund 5,5 Prozent). Und auch in der Euro-Zone stiegen die Verbraucherpreise im Jahr 2008 nur noch um rund 1,6 Prozent.

Eine geringere Inflation wäre im Prinzip durchaus segensreich. Die Verbraucher hätten dann mehr Realeinkommen und die Unternehmen könnten höhere Gewinne einfahren. Aber eine längere deflationäre Phase wäre äußerst schädlich. Durch sinkende Preise steigen die realen Schuldentilgungskosten – kein geringes Problem, da viele Verbraucher in den USA und in Europa erheblich verschuldet sind. Sinkende Preise können aber auch verheerende psychologische Auswirkungen haben: Die Konsumenten verschieben ihre Einkäufe immer weiter in die Zukunft, wenn die Produkte noch billiger sein werden. Und die Unternehmen, deren Profitchancen durch Deflation und sinkende Nachfrage schrumpfen, schieben ihrerseits Investitionen auf die lange Bank, selbst wenn die Zinsen auf historische Tiefstände sinken.

Das Ergebnis von alledem kann ein deflationärer Teufelskreis sein. Deflation lässt sich viel schwerer bekämpfen als Inflation. Wenn die Preise steigen, kann die Politik einfach die Zinsen heraufsetzen, um die Wirtschaft abzukühlen und die Nachfrage zu dämpfen. Bei Deflation aber kann der Zinssatz sogar auf null fallen und die Nachfrage trotzdem im Keller bleiben, wie etwa Japans Regierung in den 1990er-Jahren feststellen musste.

Gegen den deflationären Preisdruck können sich die Unternehmen mit einer Reihe von Strategien zur Wehr setzen. Wenn die Verbraucher weniger ausgeben, übertrifft das Angebot schnell die Nachfrage und es entstehen Überkapazitäten. Die Unternehmen können dieses Risiko verkleinern, indem sie ihre Produktion zurückfahren, um weniger auf Halde zu produzieren. Das setzt allerdings voraus, dass sie ihre Logistik verschlanken, damit der Vertrieb effizienter wird und den Handel just in time beliefern kann.

Unternehmen, die in starkem Preiswettbewerb stehen, leiden besonders unter deflationären Tendenzen einer Volkswirtschaft. Dagegen sind Firmen mit innovativem Produkt- und Serviceangebot in einer deutlich stärkeren Position. Auch auf die richtige Preisbildungsstrategie kommt es hier natürlich an. Die Unternehmen sollten die fortschrittlichsten Technologien und Analysetools einsetzen, um herauszufinden, in welchen Bereichen die Nachfrage besonders preissensibel ist und wo es den nötigen Spielraum für Angebote im Premiumsegment gibt. Durch solche Analysen kann man zudem herausfinden, wo Chancen für innovative Produkt- und Dienstleistungsangebote bestehen, und durch gezielte Verkaufsförderung in diesen Sektoren dem Druck auf die Margen entgegenwirken.

Insgesamt sollten die Unternehmen zwar auf ein kurzes deflationäres Zwischenspiel vorbereitet sein, ihren Blick aber über diese Episode hinaus in die nähere Zukunft richten. Sobald die Weltwirtschaft wieder anspringt, wird auch die Inflation zurückkehren – und zwar auf einem problematischen Niveau, wie manche Experten heute schon warnen. Denn genau die Instrumente, mit denen die Regierungen derzeit die Rezession bekämpfen – niedrige Zinsen, gigantische Kapitalspritzen und sonstige monetäre und fiskalische Anreize –, könnten zusammen mit dem nächsten Aufschwung eine rapide Geldentwertung heraufbeschwören. Nach Ansicht von Finanzguru George Soros wird vieles davon abhängen, dass die Staaten die Billionen Euro, die sie in den globalen Kapitalkreislauf gepumpt haben, genau zum richtigen Zeitpunkt und mit hohem Tempo wieder absaugen, sobald die Konjunktur aufs Neue anzieht.

Kapital bleibt vorerst ein knappes Gut

Solange die Vertrauenskrise im Bankensektor anhält, wird es für Unternehmen schwierig bleiben, sich auf dem Kapitalmarkt zu refinanzieren. Das betrifft vor allem das Langfristkapital, aber auch hier konnte Prof. Dr. Ewald Nowotny, Gouverneur der Oesterreichischen Nationalbank (OeNB), bereits im Feber 2009 erste Entspannungssignale beobachten. Für Kapitalerhöhungen durch Börsegänge oder Aufstockung der Aktien gibt es aktuell zwar so gut wie keinen Spielraum, „doch Unternehmensanleihen kommen bereits wieder auf den Markt und finden auch Käufer, allerdings zum Teil mit sehr hohen Zinssätzen“, erklärte Prof. Nowotny im Gespräch.

Mittelfristige Kredite können sich Unternehmen bereits derzeit wieder beschaffen – jedoch zu deutlich höheren Preisen als noch zur Jahresmitte 2008. Dabei kommt Bankkrediten eine besondere Bedeutung zu: Das Hausbankprinzip erlebt aktuell eine Renaissance. Aber auch treue Kunden müssen mit Kürzung ihrer Kreditlinien rechnen, sofern sie die in den Vorjahren nicht ausgeschöpft haben – und erst recht bei sinkender

Bonität. Neukredite erhalten Unternehmen selbst bei ihren Hausbanken meist nur zu deutlich schlechteren Konditionen. Da kann die Refinanzierung leicht drei Mal so viel kosten wie vor dem Lehman-Zusammenbruch. Doch die meisten Unternehmen nehmen die krassen Preisaufschläge klaglos hin, erleichtert, dass sie überhaupt noch Kreditgeber gefunden haben.

Über kurz oder lang wird es nach Prof. Nowotnys Einschätzung gelingen, die Kapitalmärkte wieder in Gang zu bringen. Eines jedoch wird nicht mehr so sein, wie es vor der Krise war: Das Private-Equity-Geschäft, das auf sehr hohen Verschuldungsraten aufbaut, und das M&A-Geschäft werden sich auf Dauer ändern. Die Zeit des vergleichsweise großen und leichten Kapitalangebots ist vorbei, was aber nicht unbedingt ein Nachteil sein muss, da verfügbares Kapital künftig vorsichtiger und solider investiert werden wird. Jenseits des aktuellen Krisenmanagements beginnen sich die Konturen einer neuen weltweiten Finanzarchitektur abzuzeichnen. Auch hier zeigt sich: Durch den zwischenzeitlichen Crash wird die Entstehung einer multipolaren Welt nur noch weiter beschleunigt. Neben den Dollar werden weitere internationale Leitwährungen treten: der Euro und – sofern Peking den chinesischen Kapitalmarkt liberalisiert – mittel- bis langfristig wohl auch der Renminbi. „In diesem Sinn werden wir dann tatsächlich eine noch stärker multipolare Welt haben als heute – allerdings muss das nicht unbedingt eine größere Stabilität bedeuten", betont der OeNB-Gouverneur.

Doch für mehr Stabilität der Finanzmärkte werden zum einen die erheblich stärkere Regulierung des globalen Bankensystems, zum anderen die konservative Geldpolitik der Notenbanken rund um den Erdball sorgen. Die langfristigen Wachstumsraten sowohl des BIP als auch des Welthandels werden damit in Zukunft wahrscheinlich geringer ausfallen, dafür aber stabiler sein.

Auch die Finanzindustrie selbst muss sich von den Renditeträumen der letzten zehn Jahre verabschieden. „Das exzessive System des Investment Banking ist tot", erklärt Prof. Nowotny, „es hat sich in vielen Aspekten in der Vergangenheit als nicht überlebensfähig erwiesen und wird auch nicht mehr wiederkommen."

Unter der weltweiten Kapitalverknappung werden die Entwicklungsländer am meisten zu leiden haben, da Investitionen dort mit deutlich höherem Risiko behaftet sind. Gegenwärtig fließt auch in die Schwellenländer deutlich weniger ausländisches Investitionskapital: Analysten sagen für 2009 einen drastischen Rückgang auf nur noch 165 Milliarden US-Dollar voraus – ein Rinnsal verglichen mit der Kapitalflut des Jahres 2007 (929 Milliarden US-Dollar). Die aufstrebenden Märkte in der Pazifikregion und in Lateinamerika aber werden für Investoren aus dem In- und Ausland zweifellos attraktiv bleiben, da in China ebenso wie in Brasilien auch künftig hohe Wachstumsraten bei moderaten Risiken zu erwarten sind. Das gilt ebenso für mittel- und osteuropäische Staaten wie Tschechien oder die Slowakei, die bereits EU-Mitglieder sind und lediglich überschaubare Staatsdefizite aufweisen: Dort ist das Wachstumspotenzial bei kalkulierbarem Risiko nach wie vor hoch und entsprechend werden diese Regionen für internationale Investoren attraktiv bleiben. Das Wachstumstempo wird allerdings auch in den neuen EU-Staaten in den kommenden Jahren geringer ausfallen als in der Vergangenheit – und entsprechend müssen die österreichischen Banken, die in diesen Ländern stark engagiert sind, ihre Gewinnerwartungen zurückschrauben. Jedoch werden Österreichs Geldhäuser dort nach Einschätzung von Prof. Nowotny nicht in ernsthafte Schwierigkeiten geraten: „Die österreichischen Banken sind zu Dreiviertel ihres Engagements in den EU-Staaten tätig, also quasi im sicheren Teil, und dort wieder in den stabileren Staaten."

Sehr viel prekärer ist die Lage in Staaten wie der Ukraine oder den EU-Mitgliedern Lettland, Ungarn und Rumänien. Alle vier Länder sind massiv verschuldet und konnten nur durch milliardenschwere Notkredite des Internationalen Währungsfonds vor dem Staatsbankrott gerettet werden. Ihre Währungen haben massiv an Wert verloren, sodass in Euro aufgenommene Kredite nur noch mühsam bedient werden können. In Lettland ist die Regierungskoalition unter der Wucht der Krise zerbrochen; in Litauen und Bulgarien kam es zu Straßenschlachten zwischen Demonstranten und Polizei. Auch in Ungarn und der Ukraine drohen Unruhen, denn die Arbeitslosenzahlen schnellen nach oben, während Löhne und Gehälter teilweise um 15 Prozent gekürzt werden. Ausgesprochen düster sind die Prognosen für den baltischen Tiger Lettland: 2009 soll die Wirtschaft um 12 Prozent schrumpfen, die Arbeitslosigkeit auf 20 Prozent steigen. In diesen Regionen droht auch den österreichischen Banken, die den Boom der letzten Jahre mit Milliardenkrediten angeheizt haben, erhebliches Ungemach.

Noch schlimmer sieht es in der Ukraine aus, wo Österreichs Unternehmen und Banken gleichfalls stark engagiert sind. Der Griwna hat von Sommer 2008 bis Anfang 2009 rund 46 Prozent an Wert verloren. Die Industrieproduktion ist im Jänner im Vergleich zum Vorjahr um rekordverdächtige 34,1 Prozent geschrumpft, während sich die Inflation auf 25 Prozent beschleunigt hat. Das ukrainische BIP brach im Jänner 2009 um katastrophale 20 Prozent ein.

Den österreichischen Banken und Unternehmen empfiehlt Nowotny, künftig mehr nach Risiko zu differenzieren: Sie sollten ihre Chancen und Expertise für die gesamte Region nutzen, sich aber stärker auf die EU-Staaten konzentrieren – im Osten ebenso wie im Westen der Europäischen Union. Auch die osteuropäischen Staaten außerhalb der EU bergen nach wie vor ein beträchtliches Wachstumspotenzial, aber ebenso erhebliche Risiken, da sie überschuldet sind, ihre Währungen schwach und die staatlichen Institutionen vielfach undurchsichtig und instabil.

2. Österreich in der multipolaren Welt

Österreich zählt zu den eindeutigen Gewinnern der ersten Globalisierungsphase. Doch wie beim Fußball gilt auch hier: Wer am Ende der ersten Halbzeit vorn liegt, hat gute Chancen, als Sieger vom Platz zu gehen – aber dafür muss er seinen Vorsprung im weiteren Spielverlauf auch verteidigen und möglichst noch ausbauen.

Seit dem EU-Beitritt 1995 und der Einführung des Euro hat unser Land seinen Rückstand zu den führenden Industrienationen zügig wettgemacht. Von 2005 bis 2007 ist die österreichische Volkswirtschaft mit durchschnittlich 3 Prozent deutlich schneller gewachsen als die der sechs größten Industrienationen, die im Mittelwert auf lediglich 2,2 Prozent kamen. Gemessen am Pro-Kopf-Einkommen gehört Österreich heute zu den reichsten Ländern der Welt. Das Pro-Kopf-Bruttoinlandsprodukt lag 2008 (in Kaufkraftparitäten) 24,5 Prozent über dem Durchschnitt der gesamten EU und beachtliche 14 Prozent über dem Mittelwert der EU15-Staaten (EU-Mitgliedsstaaten vor Osterweiterung, also bis April 2004).

Österreich hat gute Voraussetzungen, seinen Vorsprung in der zweiten Spielhälfte zu behaupten. 2006 errang die Republik im Ranking der weltweit bestvernetzten Länder den höchst beachtlichen neunten Platz.

Wo liegen die österreichischen Stärken, durch die das Land, seine Unternehmen und Arbeitnehmer seit den 1990er-Jahren in der globalen Champions League so weit nach vorn gekommen sind? Während der ersten Globalisierungsphase hat sich Österreich zu einer modernen Volkswirtschaft mit starkem Dienstleistungssektor gewandelt. Das traditionelle Defizit im Warenverkehr ist Vergangenheit und die österreichische Dienstleistungsbilanz dreht Jahr um Jahr deutlicher ins Plus. Ebenso exportiert die Republik inzwischen mehr Kapital, als ihr von jenseits der Grenzen zufließt. Im Jahr 2007 haben österreichische Unternehmen nahezu 80 Milliarden Euro im Ausland investiert – mehr als ein Viertel des Bruttoinlandsprodukts.

Ohnehin wurde das Wachstum der letzten 15 Jahre überwiegend durch den Export getrieben: Österreich gehört heute zu den Top Ten der Exportnationen weltweit. Fast 58 Prozent seines BIP erwirtschaftete das Land 2007 durch Export von Waren und Dienstleistungen – deutlich mehr als Exportweltmeister Deutschland (46 Prozent). 2006 führten österreichische Unternehmen erstmals Waren und Dienstleistungen im Wert von mehr als 100 Milliarden Euro aus, eine Steigerung um satte 500 Prozent innerhalb von 25 Jahren. Im Warenexport pro Kopf liegt das Land auf dem siebten, bei den ausgeführten Dienstleistungen sogar auf dem sechsten Rang im globalen Vergleich. Das bedeutet allerdings auch: Durch die weltweite Finanz- und Wirtschaftskrise wird Österreich stärker als viele andere Länder getroffen, denn unser kleiner Binnenmarkt kann den weltweiten Nachfrageeinbruch nicht einmal ansatzweise kompensieren.

Wie eine Studie des Wirtschaftsmagazins „trend“ von 2007 zeigt, wurde der Boom der letzten Jahre weitgehend von großen Unternehmen getrieben: 2006 wuchsen Österreichs 500 umsatzstärkste Firmen vier Mal so schnell wie die gesamte Volkswirtschaft. Dabei erzielten sie den weitaus größten Teil ihres Wachstums in osteuropäischen Ländern wie Tschechien, Slowenien oder Rumänien.

Die Öffnung der osteuropäischen Märkte bescherte Österreichs Unternehmen und Banken einen Boom, von dem letztlich unser ganzes Land profitierte. „In Osteuropa tätige Unternehmen haben die Zahl ihrer Mitarbeiter sukzessive erhöhen können", erklärt Christian Helmenstein, Wirtschafts- und Finanzpolitikexperte in der Industriellenvereinigung. Doch obwohl das Land genau an der „Wohlstandskante" zu den osteuropäischen Niedriglohnregionen liegt, gingen entgegen den Befürchtungen einheimischer Globalisierungsskeptiker in Österreich per saldo keine Arbeitsplätze verloren. „Die heimischen Banken zählen zu den Hauptinvestoren in Osteuropa", erläuterte im Jahr 2007 Harald Kaszanits, Leiter der Wirtschaftspolitischen Abteilung der Wirtschaftskammer in Wien. „Fast 50 Prozent der Gewinne werden nicht in Österreich erwirtschaftet, dennoch konnte der Beschäftigungsstand in Österreich gehalten werden." Und das Internationale Central Europa Institut kommt 2007 sogar zu dem Schluss, dass Österreich durch die Globalisierung deutlich mehr Jobs gewonnen als verloren hat: Für jeden Arbeitsplatz, der Richtung Osten abgewandert ist, wurden durchschnittlich 2,4 neue – meist höherwertige – Jobs im Inland geschaffen.

Das bedeutet allerdings nicht, dass es in Österreich keine Globalisierungsverlierer gibt: Personen mit meist geringer Qualifizierung, deren Arbeitsplatz nach Bulgarien oder in die Ukraine abgewandert ist, haben nicht nur ihren Job eingebüßt, sondern auch wenig Chancen, hierzulande neue Arbeit auf diesem Level zu finden. Damit nicht die Schwächsten in der Gesellschaft zu den Leidtragenden der sozioökonomischen Anpassung werden, müssen Staat, Wirtschaft und Gesellschaft ihnen helfen, diese Lasten zu tragen – insbesondere durch Weiterbildungsangebote, die ihnen ermöglichen, ihr Qualifikationsniveau zu erhöhen und sich anschließend wieder in den Arbeitsmarkt einzugliedern (siehe Kapitel 3). „Verlierer sind diejenigen, die über wenig Information verfügen und nicht schnell genug sind", räumt auch Harald Kaszanits von der Wirtschaftskammer ein. „Allein in Österreich gibt es rund 150.000 Menschen, die aufgrund mangelnder Qualifikation oder wegen Krankheit nicht jobfit sind." Und Sepp Zuckerstätter, Wirtschaftsexperte bei der Arbeiterkammer, kritisiert, dass „in den letzten 10 bis 20 Jahren die Arbeitnehmer durch die Globalisierung verloren und die Eigentümer des Kapitals gewonnen haben". Damit Österreich als Ganzes von der Globalisierung profitiert, müssen nach seiner Überzeugung „die Sozialsysteme ausgebaut werden. Kommt es aber unter dem Vorwand der internationalen Wettbewerbsfähigkeit zu einem weiteren Deregulierungs-, Liberalisierungs- und Sozialabbauwahn, werden es nur einige wenige Österreicher sein, die gewinnen" – mit langfristig zerstörerischen Folgen für die Gesellschaft, wie die Arbeiterkammer befürchtet.

Zweifellos wird der Konkurrenzkampf für österreichische Unternehmen künftig härter werden, denn ihre einseitige Fokussierung auf die ehemaligen Ostblockstaaten hat als Erfolgsrezept ausgedient. Der Sonderboom in den mittel- und osteuropäischen Transformationsländern, der Österreich noch 2007 ein Exportwachstum von üppigen 12,6 Prozent einbrachte, ist durch die aktuelle Finanz- und Wirtschaftskrise regelrecht abgewürgt worden.

Die Strategie, mit der unser Land in der ersten Halbzeit der Globalisierung punkten konnte, muss also dringend angepasst und weiterentwickelt werden. In der nun beginnenden zweiten – der multipolaren – Spielzeit weht ein deutlich rauerer Wind und gelten andere, erheblich komplexere Spielregeln als in Runde eins. Auf den osteuropäischen Märkten waren österreichische Unternehmen ihren Rivalen meist eine Nasenlänge voraus; jetzt aber gilt es, sich in den Wachstumsmärkten Asiens und Lateinamerikas zu behaupten – im Wettkampf mit altbekannten triadischen Rivalen und zusätzlich mit der erstarkten Konkurrenz aus China, Indien, Brasilien oder Mexiko, die mit diesen neuen Märkten sehr viel vertrauter ist. Der Heimvorteil des regionalen Champions, den Österreichs Unternehmen in Osteuropa verbuchen konnten, liegt dort bei den Wettbewerbern aus Lateinamerika oder Asien.

Doch Österreichs Unternehmen sind für diese zweite Globalisierungsrunde keineswegs schlecht gerüstet: In Runde eins, der Globalisierung „en miniature“, haben sie in Mittel- und Osteuropa Erfahrungen gesammelt und Erfolgsstrategien entwickelt, die ihnen nun auch auf dem multipolaren Spielfeld nützlich sind. Unternehmen, die sich in den höchst unterschiedlichen Märkten Serbiens, der Slowakei oder Rumäniens durchsetzen konnten, bringen gute Voraussetzungen mit, um beispielsweise auf dem kulturell und ethnisch ähnlich zerklüfteten indischen Subkontinent erfolgreich zu sein. Ohnehin hat Österreich im Verlauf seiner Geschichte gelernt, mit vielfältigen Kulturen, Sprachen und Mentalitäten zurechtzukommen – weit früher als die meisten mittel- und westeuropäischen Nachbarländer.

Betrachten wir also etwas genauer, wie Österreich für die fünf großen Herausforderungen im multipolaren Zeitalter gerüstet ist, und was sich hierzulande ändern muss, damit unsere Unternehmen künftig auch in den asiatischen oder lateinamerikanischen Wachstumsmärkten so erfolgreich sind wie bislang schon in Mittel- und Osteuropa.

Für den Unternehmenserfolg in der multipolaren Welt gibt es keine Patentrezepte: Jedes Unternehmen ist anders, mit seinen eigenen Stärken und Traditionen, seiner eigenen Kultur und Philosophie. Zudem hat jede Industrie ihre eigenen Konjunkturzyklen, welche die Unternehmen genau kennen und auf die sie ihre Wachstumsstrategien abstimmen müssen. Hinzu kommt noch ein dritter wichtiger Aspekt, der in der Frühphase der Globalisierung nur eine untergeordnete Rolle spielte: Die verschiedenen „Pole“ der multipolaren Welt befinden sich in höchst unterschiedlichen ökonomischen Entwicklungsstadien. Die Triade, und mit ihr Österreich, steht anders da als etwa Russland, Brasilien, Indien oder auch die Golfstaaten, und diese wiederum sind anders aufgestellt als etwa Mexiko oder Singapur.

Im weiteren Verlauf dieses Kapitels werden etliche österreichische Unternehmen vorgestellt, die im multipolaren Konkurrenzkampf bereits erfolgreich sind – nicht mehr nur in den Märkten der alten Wohlstandsregionen, sondern auch und zunehmend in den dynamischen Wachstumsmärkten Asiens oder Südamerikas, in Russland, der Türkei oder der Golfregion. Andere Firmen, die im Folgenden beleuchtet werden, sind noch auf dem Weg dorthin: In den zurückliegenden Jahren haben sie in Mittel- und Osteuropa – überwiegend positive – Erfahrungen gesammelt und sind stark gewachsen. Nun aber führt ihnen die Finanz- und Wirtschaftskrise, von der Osteuropa in besonderem Maß betroffen ist, umso drastischer vor Augen, dass es an der Zeit ist, sich auf die neuen Boomregionen in Asien und Lateinamerika zu fokussieren.

Alle porträtierten Unternehmen werden schwerpunktmäßig einer der fünf Disziplinen des multipolaren Wettkampfes zugeordnet. Zwar muss jedes Unternehmen unter den Bedingungen der weltweiten wirtschaftlichen Verflechtung alle fünf großen Herausforderungen meistern; aber jedem stellen sich andere Schlüsselprobleme – je nachdem, welcher Branche es angehört, was es produziert und wer seine Zielgruppen sind. So bedeuten explodierende Rohstoff- und Energiepreise etwa für ein Unternehmen aus der Elektrizitätswirtschaft wie dem österreichischen Verbund eine außerordentliche Herausforderung. Unternehmen aus dem Werkzeug- und Maschinenbau – wie etwa die österreichische Berndorf AG – müssen vor allem eine Antwort auf den notorischen Fachkräftemangel finden. Unternehmen aus der Baustoffindustrie wiederum – wie der österreichische Ziegelproduzent Wienerberger – müssen sich auf die Suche nach neuen Konsumentenmärkten machen, da sich ihnen in Europa immer weniger Wachstumspotenziale bieten. Innovative Start-ups dagegen haben sich primär mit der Frage auseinanderzusetzen, wie sie an das erforderliche Wagniskapital für Erforschung, Entwicklung und Fertigung ihrer neuartigen Produkte gelangen. Und neue Erfindungen, aus denen sich marktfähige Produkte oder Services entwickeln lassen, sind etwa in der Beleuchtungsbranche besonders heiß umkämpft. Beispiele wie Zumtobel, der österreichische Spezialist für Lichtlösungen, zeigen: Je höher der Anteil innovativer Angebote im Portfolio eines Unternehmens, desto größer sein Erfolg in der multipolaren Welt.

Der österreichische Arbeitsmarkt: Akademiker gesucht – gering Qualifizierte unter Druck

Der Trend ist in den hoch entwickelten Wohlstandsregionen überall ähnlich: Die klassische Sachgüterproduktion schrumpft – der Dienstleistungssektor dagegen wächst. Entsprechend finden Menschen mit geringer Qualifikation auch in Österreich immer schwerer einen Job, da ein Großteil der einfachen Arbeiten, die sie verrichten könnten, mittlerweile in Osteuropa, Asien oder Lateinamerika ausgeführt wird. Zugleich sind Personen mit höherer und hoher formaler Qualifikation – Matura und/oder Hochschulabschluss – stark gefragt. Wissenschaftler und Ingenieure, Manager und Kreative sind mittlerweile die wichtigsten Treiber der wirtschaftlichen Entwicklung. Ihre typischen Kennzeichen: Sie denken analytisch und global, verfügen über kommunikative Kompetenz und Teamfähigkeit, sind hochflexibel und innovationsorientiert.

Vor allem im Dienstleistungssektor wird für Österreich in den nächsten Jahren ein weiterhin spürbares Wachstum der Beschäftigtenzahlen prognostiziert. Stark gefragt sind Arbeitskräfte mit mittlerem Qualifikationsniveau. Wachstumsmotoren mit der höchsten Schubkraft sind die unternehmensbezogenen Dienstleistungen, also beispielsweise Werbung oder Managementtraining im Auftrag von Unternehmen (+ 82.000) und Dienstleistungen im Gesundheitswesen (+ 42.500). Auch der Sektor der Datenverarbeitungsdienste wird jenseits der Krise weiter deutlich zulegen – jährlich um stolze 7,7 Prozent auf insgesamt 16.100 Beschäftigte.

Dagegen werden in traditionellen Sparten wie der Energie- und Wasserversorgung (– 4,2 Prozent jährlich) und vor allem in der Sachgüterproduktion die Beschäftigtenzahlen deutlich zurückgehen. Betroffen sind von der Textilerzeugung (– 2,8 Prozent), die unter der asiatischen Billigkonkurrenz besonders leidet, über Verlagswesen und Druckereien (– 2,4 Prozent) und die sonstige Sachgüterfertigung (– 2,5 Prozent) nahezu alle klassischen Produktionssparten bis hin zum Bergbau und dem verarbeitenden Gewerbe. Produktivitätszuwächse und die Verlagerung von Fertigungsstätten in Niedriglohnländer lassen die Beschäftigtenzahlen in diesen Bereichen seit Jahren kontinuierlich sinken – während im Dienstleistungssektor ebenso stetig neue Jobs entstehen.

Von dieser Entwicklung werden in den nächsten Jahren hauptsächlich Frauen profitieren: Nach einer Prognose des Instituts für Wirtschaftsforschung (WIFO) von 2007 entfallen mehr als zwei Drittel der neu entstehenden Dienstleistungsjobs auf weibliche Beschäftigte. 45,6 Prozent der unselbstständig Beschäftigten hierzulande werden im Jahr 2010 Frauen sein – noch 2004 waren es lediglich 44,2 Prozent. Besonders viele neue Arbeitsplätze für Frauen werden bei den unternehmensbezogenen Services und im öffentlichen Dienstleistungssektor entstehen, also im Gesundheits- und Sozialwesen, im Bildungsbereich und in der öffentlichen Verwaltung. Dagegen sind nur wenige traditionelle Frauenberufe – vor allem in der Textilerzeugung – von Jobabbau betroffen, während in fast allen Sparten der unaufhaltsam schrumpfenden Sachgüterproduktion überwiegend Männer beschäftigt sind, viele von ihnen mit geringer Qualifikation.

Die typischen österreichischen Arbeitnehmer der nahen Zukunft verfügen über eine höhere formale Bildung – Matura und/oder Hochschulabschluss – und arbeiten im Dienstleistungssektor. Allgemein nimmt die Bedeutung von Tätigkeiten mit Kundenkontakten deutlich zu – kommunikative Kompetenz und Einfühlungsvermögen werden von immer mehr Beschäftigten erwartet. Bei Berufen auf Maturaniveau wird das Jobangebot im technischen und medizinischen Bereich, bei Sozial- und Kreativberufen am stärksten zulegen. Besonders vom Wachstum im Gesundheitsbereich werden überwiegend Frauen profitieren, ihr Anteil steigt auf über 87 Prozent. Dagegen bleiben die technischen Dienstleistungsjobs auch künftig weitgehend eine Männerdomäne: Hier stagniert der Frauenanteil bei unter 14 Prozent.

Ein akademisches Qualifikationsniveau wird bereits heute zunehmend auch in kaufmännischen Berufen erwartet, in denen vor wenigen Jahrzehnten die Matura noch als ausreichend galt. Dieser starke Trend zu höheren Skill-Levels führt dazu, dass immer mehr gering qualifizierte Arbeitnehmer vom Arbeitsprozess ausgeschlossen werden. Wer nur einfache repetitive Tätigkeiten ausführen kann, über keine oder nur geringe Kommunikations- und Interaktionsfähigkeiten verfügt, hat in der heutigen Dienstleistungsgesellschaft immer weniger Chancen, seinen Lebensunterhalt durch Erwerbstätigkeit zu bestreiten. Nicht nur in Österreich, sondern in nahezu allen OECD-Ländern geht die Schere zwischen hohen und niedrigen Einkommen immer weiter auf.

Das bedeutet allerdings nicht, dass Arbeitnehmer mit geringer formaler Qualifikation generell auf dem österreichischen Arbeitsmarkt keine Chance mehr besitzen. Tatsächlich ist die Anzahl dieser Arbeitskräfte in vielen Sparten während der letzten zehn Jahre konstant geblieben, etwa im Gastgewerbe und im Handel. Jedoch sind die Anforderungen, die diese Arbeitnehmer – jenseits ihrer formalen Qualifikation – heute erfüllen müssen, wesentlich höher als in der Vergangenheit. Hierzu gehören neben besserer Beherrschung des mündlichen Deutschen und einfacher Rechenfertigkeiten vor allem Teamfähigkeit, Kunden- und Serviceorientierung sowie die Bereitschaft und Fähigkeit, sich weiterzubilden.

Insgesamt ist also bei diesen einfachen Berufen der Anteil nicht formalisierter Qualifikationen deutlich größer als bei hoch qualifizierten Arbeitnehmern. Möglicherweise werden sich hieraus neue Berufsbilder auf einfachem Qualifikationsniveau entwickeln. Denn zu den Dienstleistungssektoren mit den höchsten Wachstumsraten zählen hierzulande nach wie vor das Gastgewerbe und der Handel – Branchen also, in denen auch künftig gering Qualifizierte nach kurzer betrieblicher Einschulung arbeiten können, sofern sie die Basisanforderungen der modernen Dienstleistungsgesellschaft erfüllen.

Wie Österreichs Unternehmen um die besten Arbeitskräfte konkurrieren

Auch wenn die aktuelle Finanz- und Wirtschaftskrise die Arbeitslosenzahlen nach oben treibt, der mittelfristige Trend weist in die entgegengesetzte Richtung: Gut ausgebildete Fachkräfte sind auf den Arbeitsmärkten der alten Industrieregionen immer schwerer zu finden. Die Unternehmen müssen noch stärker als bisher in die Weiterbildung ihrer Mitarbeiter investieren, um offene Stellen zumindest teilweise aus den eigenen Reihen zu besetzen und zudem ihre Attraktivität als Arbeitgeber zu steigern. Darüber hinaus müssen sie ihren Arbeitskräftebedarf auch jenseits der Landesgrenzen decken – sei es durch Verlagerung von Unternehmenseinheiten ins Ausland oder indem sie versuchen, Ingenieure oder Forscher aus den neuen Boomregionen für Arbeitsplätze in Österreich zu gewinnen. Erforderlich wird deshalb ein globales Talentmanagement, damit das Unternehmen einzelne Abschnitte seiner Wertschöpfungskette gezielt dorthin verlagern kann, wo die jeweiligen Arbeitsschritte am besten und kostengünstigsten erledigt werden können. Auch das Management der kulturellen Vielfalt ihrer Belegschaft stellt Unternehmen in der multipolaren Welt vor neue Herausforderungen.

Die Baumarktkette bauMax etwa legt, wie der Vorstandsvorsitzende KR Martin Essl im Gespräch betont, großen Wert auf die kommunikative und interkulturelle Kompetenz der Mitarbeiter, insbesondere der Führungskräfte. „Wir arbeiten immer in internationalen Teams“, erklärt Essl, „und auf diese Weise profitieren wir unglaublich viel voneinander.“ Denn entscheidend für erfolgreiches Wachstum jenseits der Landesgrenzen sei

„die Unternehmenskultur – also dass die Mitarbeiter lernen, die Menschen in anderen Ländern und deren Kulturen zu verstehen".

Wie aber handhaben erfolgreiche österreichische Unternehmen diesen wachsenden Konkurrenzkampf um gut ausgebildete Fachkräfte im Einzelnen?

Andritz – Wie der Anlagenbauer durch interkulturelles Coaching, Betriebskindergärten und globale Karriereförderung punktet

Die Andritz-Gruppe zählt zu den weltweit führenden Herstellern von kundenindividuell angepassten Anlagen und Dienstleistungen für die Zellstoff- und Papierindustrie, für Wasserkraftwerke sowie Spezialindustrien wie Futtermittel und Biomasse. Der Stammsitz des 1852 gegründeten Unternehmens befindet sich in Graz. Andritz betreibt Fertigungsstätten, Service- und Vertriebsgesellschaften in aller Welt.

Die Andritz AG ist seit 2001 an der Wiener Börse notiert. Rund 13.200 Mitarbeiter erwirtschafteten 2007 einen Umsatz von 3,3 Milliarden Euro. Durch organische Expansion und Akquisitionen ist der Umsatz des Anlagenbauers zwischen 1998 und 2007 durchschnittlich um 19 Prozent jährlich gewachsen.

Mehr als 95 Prozent seiner Umsatzerlöse erzielt Andritz mittlerweile jenseits der Landesgrenzen. Europa ist mit einem Umsatzanteil von über 40 Prozent nach wie vor der größte Markt, doch während des letzten Jahrzehnts haben die Schwellenländer Nordamerika von Platz 2 verdrängt. Weitere 40 Prozent seines Umsatzes erwirtschaftete das Unternehmen 2007 bereits in den neuen Boomregionen – vor zehn Jahren waren es lediglich 25 Prozent. „Vor allem in Südamerika und China konnten wir ein starkes Umsatzwachstum erzielen", erklärt Unternehmenschef Dr. Wolfgang Leitner im Gespräch. „Dies spiegelt die wirtschaftliche und demografische Entwicklung der einzelnen Wirtschaftsregionen sehr gut wider."

Europa wird nach seiner Einschätzung auch künftig einer der wichtigsten Märkte des Unternehmens bleiben. Auf starkes, langfristiges Wachstum aber kann Andritz vor allem in den Schwellenländern rechnen.

Für seine weitere Expansion ist das Unternehmen insbesondere auf dynamische Marktsegmente fokussiert – etwa die Energieerzeugung aus erneuerbaren Ressourcen wie Wasserkraft und Biomasse. Um seine Position als globaler Top-Player zu behaupten und möglichst noch auszubauen, investiert Andritz gezielt in innovationsträchtige Projekte und Technologien. Beachtliche 3 Prozent des Gruppen-Umsatzes wurden im Durchschnitt der letzten Jahre in Forschung und Entwicklung investiert. Insgesamt arbeiten mehr als 300 Mitarbeiter in den Forschungszentren von Andritz. Weitere Arbeitsplätze für Entwickler entstehen derzeit in Brasilien: Dort richtet Andritz eine F&E-Abteilung inklusive Labor ein.

Um seine Servicepräsenz zu verbessern und die Kontakte mit seinen weltweiten Schlüsselkunden zu intensivieren, unterhält Andritz bereits Servicezentren in diversen Schwellenländern – in Chile und Brasilien ebenso wie in China und Indien. „Heute arbeiten über 25 Prozent unserer Mitarbeiter in aufstrebenden Ländern“, betont der Konzernchef. Vorteile dieser Entwicklung sind für ihn nicht allein die niedrigeren Produktionskosten, sondern in erster Linie der engere Kontakt zu den Kunden vor Ort.

Um weiter wachsen und sich im globalen Konkurrenzkampf behaupten zu können, hat Andritz spezielle Programme für Manager und Mitarbeiter entwickelt. In einem „Management Challenge Programm“ wird der Führungsnachwuchs geschult. Das „Andritz Management College Programm“ soll Manager für multipolare Karrieren trainieren: Die Schlüsselführungskräfte aus den global verteilten Konzernstandorten lernen, miteinander zu kooperieren und mit kulturellen Unterschieden umzugehen.

Wenn irgend möglich, überträgt das Unternehmen die Leitung von Tochterfirmen an erfahrene Führungskräfte aus den lokalen Märkten. Das weitere Wachstum des Unternehmens hängt in hohem Maß auch davon ab, dass Andritz genügend gut ausgebildete Facharbeiter und Ingenieure für sich gewinnt und möglichst langfristig an das Unternehmen bindet. Durch Coaching-Programme, Karrierechancen und Anreizsysteme schärft der Konzern fortlaufend sein Image als attraktiver Arbeitgeber. Im unternehmenseigenen Intranet können die Beschäftigten neue Ideen und Verbesserungsvorschläge in das Unternehmen einbringen.

Um seinen ständig wachsenden Bedarf an hoch qualifizierten Mitarbeitern zu decken, sucht der Konzern zudem intensiven Kontakt zu Universitäten und Hochschulen. „Dazu zählen Vorträge für Absolventen, Präsenz auf Jobmessen und, als möglicher Einstiegsweg, Praktika und Diplomarbeiten", erklärt Konzernchef Leitner. In speziellen Weiterbildungsprogrammen der einzelnen Tochterunternehmen werden die Mitarbeiter überdies für lokale Anforderungen geschult. Hierzu gehören Fachseminare und Fremdsprachenunterricht ebenso wie Programme zur Persönlichkeitsentwicklung.

An seinem Grazer Stammsitz hat das Unternehmen erst kürzlich einen Kindergarten für den Nachwuchs seiner Mitarbeiter eröffnet. Die neue Einrichtung, die überwiegend aus Stiftungsmitteln des Konzerns finanziert wurde, soll es den Beschäftigten leichter machen, Beruf und Familie miteinander zu vereinbaren. Das Angebot, durch das Andritz nicht zuletzt Frauen für technische Arbeitsplätze erwärmen will, mag auf den ersten Blick banal erscheinen, stellt jedoch leider hierzulande noch immer eine – unbedingt nachahmenswerte – Ausnahme dar. Eine ähnliche Politik verfolgt der Konzern auch an anderen Unternehmensstandorten: Die lokalen Führungskräfte sollen vermehrt Kindertagesstätten unweit der Niederlassungen einrichten, um vor allem Mütter mit kleinen Kindern als Mitarbeiter zu gewinnen. Eine Strategie, durch die Andritz bereits zahlreiche freie Arbeitsplätze besetzen konnte.

Für die Rekrutierung von Nachwuchs der hohen und höchsten Führungsebenen hat das Unternehmen schließlich globale Leadership-Development-Programme entwickelt: High Potentials werden ebenso gezielt gefördert wie potenzielle Nachfolgekandidaten für Schlüsselpositionen im Konzern. Durch diese Vielfalt an Maßnahmen und Programmen ist es Andritz bislang gelungen, bei anhaltend starkem Unternehmenswachstum weltweit seinen Bedarf an Arbeitskräften aller drei Levels zu decken – der richtige Weg für eine stabile Positionierung in der multipolaren Welt.

Rosenbauer – Wie der Feuerwehrausrüster die Fachkräfte für Vertriebsnetz und Produktionsstätten gewinnt

Der Rosenbauer-Konzern zählt zu den weltweit größten Produzenten von Feuerwehrfahrzeugen für Kommunen, Flughäfen und Industrie sowie für Berufs- und Freiwillige Feuerwehren. Rosenbauer ist mit einem globalen Vertriebsnetz in mehr als 100 Ländern präsent. Unternehmenssitz ist Leonding in Österreich, doch die konzerngrößte Produktionsgesellschaft, die Rosenbauer International AG, erwirtschaftete 2007 bereits 89 Prozent ihrer Umsätze jenseits der Landesgrenzen. Weltweit arbeiten rund 1650 Beschäftigte in elf Fertigungs- und sechs Handelsniederlassungen. Der Umsatz betrug 2007 gut 425 Millionen Euro.

Das Unternehmen wurde bereits 1866 gegründet und ist seit den 1950er-Jahren international ausgerichtet. Nach dem Zweiten Weltkrieg, erklärt Konzernchef Julian Wagner im Gespräch, habe die damalige Unternehmensleitung rasch erkannt, „dass Österreich als Markt für uns nicht groß genug ist. Damals haben wir mit dem klassischen Exportgeschäft angefangen und seit dieser Zeit gelernt, über den Tellerrand hinauszuschauen und uns international zu orientieren."

Mit einem Umsatzanteil von 44 Prozent war Europa 2007 noch immer der größte Einzelmarkt, gefolgt vom NAFTA-Raum (23 Prozent), wo Rosenbauer vor allem in den USA stark positioniert ist. Mit 15 Prozent belegten die arabischen Länder den dritten Rang vor Asien/Ozeanien (11 Prozent). Dabei haben sich vor allem die Geschäfte in der arabischen und der pazifischen Region sprunghaft entwickelt: Am Golf legten die Umsätze mit 63,9 Millionen Euro gegenüber dem Vorjahr (44 Millionen Euro) um 50 Prozent, in Asien/Ozeanien mit 47,5 Millionen Euro sogar um mehr als die Hälfte zu (Vorjahr: 29,3 Millionen Euro).

Bei Vertrieb und Kundenbetreuung seit Langem globalisiert

Als Spezialist für Löschsysteme und Feuerwehrfahrzeuge, die nach Kundenanforderungen gebaut werden, ist Rosenbauer auf bestens qualifizierte und hoch motivierte Mitarbeiter angewiesen. Der Erfolg des Hochtechnologie-Unternehmens hängt in besonderem Maß von Ideen und Kreativität seiner F&E-Abteilung ab. Obwohl Rosenbauer den Löwenanteil seiner Umsatzerlöse durch Export erzielt, arbeitete 2007 nahezu die Hälfte der Beschäftigten an den österreichischen Standorten. Von den 121 neuen Arbeitsplätzen, die in den ersten drei Quartalen 2008 entstanden, entfielen sogar mehr als die Hälfte auf einheimische Niederlassungen. Die meisten ausländischen Rosenbauer-Arbeitsplätze waren 2007 in Amerika (417) und Deutschland (360). Dagegen spielten die Beschäftigten in Asien bislang nur eine Nebenrolle – lediglich in Singapur wird mit 34 Mitarbeitern produziert.

Jedoch ist das Unternehmen durch sein Vertriebsnetz bei seinen Kunden rund um den Globus präsent. „Eines unserer wesentlichen Themen im Marketing", erklärt Konzernchef Wagner, „ist der persönliche Kontakt zu unseren Kunden auf der ganzen Welt."

Gut für Österreich: Rosenbauer erwirtschaftet nicht nur den größten Teil seiner Wertschöpfung innerhalb der Landesgrenzen, auch ein großer Teil der Arbeitsplätze befindet sich hier. Mittelfristig dürfte das Unternehmen jedoch auch in Asien eigene Produktionsstätten errichten, denn immer mehr Aufträge, die in der Konzernzentrale in Leonding eintreffen, kommen aus China, Indien oder der Golfregion. So zog der Feuerwehrausrüster im dritten Quartal 2008 zwei beachtliche Aufträge an Land, beide aus den neuen Boomregionen: Ein indischer Airport-Betreiber orderte 40 Flughafenlöschfahrzeuge – ein Auftragsvolumen von 18,5 Millionen Euro. Und eine Zivilschutzbehörde aus dem ölreichen Sultanat Oman will sich mit 60 Löschfahrzeugen im Wert von 12,5 Millionen Euro gegen Brandkatastrophen wappnen. Kurz vorher hatte auch Saudi-Arabien eine Löschwagenflotte geordert.

Durchwachsene Erfahrungen in den Schwellenländern

Aktuell sieht Konzernchef Wagner aber keinen Bedarf für die Eröffnung von Fertigungsstätten in Asien oder Lateinamerika. Die Märkte in den Schwellenländern sind für einen Nischenanbieter wie Rosenbauer überwiegend noch zu klein und es fehlt vor Ort an kontinuierlichen Beschaffungsprozessen. „Da hüpft man dann von einem Spot-Geschäft zum nächsten und das ist keine Voraussetzung für einen eigenen Produktionsstandort.“ Ohnehin will das Unternehmen nur dann neue Fertigungsstandorte errichten, wenn es dadurch als lokaler Hersteller Vorteile in der Marktbearbeitung erzielt.

In China hat Rosenbauer unlängst die gegenteilige Erfahrung gemacht: Vor drei Jahren gründete das Unternehmen dort ein Joint Venture und zog gemeinsam mit seinem chinesischen Partner eine lokale Fertigungsstätte auf. Rosenbauer brachte sein Know-how und seine Qualitätsstandards in die Kooperation ein, die Produkte aber sollten unter einem chinesischen Label vermarktet werden. Doch bald schon zeigte sich, so Julian Wagner, dass die gemeinsam produzierten Löschfahrzeuge zwar qualitativ hochwertiger waren als die Angebote lokaler Wettbewerber – doch da sie als chinesischer Hersteller wahrgenommen wurden, weigerten sich die chinesischen Kunden, einen höheren Preis zu bezahlen. Somit hatte sich das Joint Venture nicht bewährt und wurde daher Ende 2008 wieder aufgelöst.

Dabei sind die kommunalen Auftraggeber in China durchaus bereit, für importierte Löschsysteme der Marke Rosenbauer Aufpreise zu bezahlen. Derzeit fährt das Unternehmen also besser, wenn es den konkreten Kundenbedarf vor Ort ermittelt, jedoch in Europa produziert und die maßgeschneiderten Lösungen nach Asien einführt.

Aktiv gegen Fachkräftemangel

Mit guten Gründen sieht man bei Rosenbauer trotz weltweiter Krise zuversichtlich in die nähere Zukunft. Die Kunden des Konzerns sind fast ausschließlich kommunale Auftraggeber und diese erneuern oder vergrößern ihre Löschfahrzeugbestände in der Regel unabhängig von konjunkturellen Schwankungen. Überdies kann das Unternehmen aufgrund der breiten geografischen Verteilung seiner Kundschaft regionale Einbrüche abfedern: Selbst wenn aus der NAFTA-Zone kurzfristig weniger Aufträge kommen sollten – Indien, China und die Golfstaaten werden ihre Investitionen in Brandschutz-Technologie nicht nennenswert herunterfahren.

Aufgrund seines hohen Wachstumstempos muss der Konzern in besonderem Maß darauf achten, dass er im Kampf um die besten Talente wettbewerbsfähig bleibt. Das Fundament hierfür soll eine Unternehmenskultur bilden, die verantwortliches Handeln fördert und fordert und für einen offenen Dialog zwischen Mitarbeitern und Management sorgt.

An seinen europäischen Standorten, also überwiegend in Österreich und Deutschland, bildete Rosenbauer 2007 über 100 Nachwuchskräfte aus. Möglichst viele von ihnen sollen nach der Ausbildung im Unternehmen bleiben, denn im Fahrzeug- und Maschinenbau sind diesseits wie jenseits der Alpen gute Fachkräfte rar. „Wir haben inzwischen im gewerblichen Bereich eine Behaltequote von über 80 Prozent“, führt Konzernchef Wagner aus, „im kaufmännischen Bereich liegt sie bei etwa 60 Prozent.“ Darüber hinaus pflegt Rosenbauer mit Ausbildungsstätten und Universitäten Kontakte. In vielen Fällen gelingt es, Berufseinsteiger direkt nach der Universität aufzunehmen, die dann durch Training-on-the-job-Programme eingearbeitet werden.

Um seine älteren Beschäftigten an sich zu binden und ihre Leistungsfähigkeit zu erhalten, hat das Unternehmen zudem diverse Gesundheitsprogramme entwickelt. Arbeitnehmer über 45 Jahren können an Maßnahmen zur Gesundheitsförderung teilnehmen oder in unternehmenseigenen Sportvereinen ihre Fitness verbessern. Obwohl an der Börse notiert, ist Rosenbauer überwiegend in Familienbesitz und der „Spirit" eines großen Familienbetriebs ist für Julian Wagner unverändert lebendig. „Wir haben Skiwochenenden, Kegelturniere, Wandertage und darüber hinaus auch eine durchaus anspruchsvolle freiwillige Sozialleistungspalette."

Zum multipolaren Konkurrenzkampf um die besten Arbeitskräfte gehört im weiteren Sinn auch die Vernetzung des Unternehmens mit Zulieferern an den verschiedenen Standorten: Durch langfristige Verträge hilft Rosenbauer, regionale Arbeitsplätze und Wirtschaftsstrukturen zu sichern und die für seine Prozesse benötigten externen Fachkräfte und Spezialisten einzubinden.

Fachkräftemangel stellt für Rosenbauer bislang kein Problem dar, resümiert Konzernchef Wagner – und das nicht nur, weil das Unternehmen traditionell über den eigenen Bedarf hinaus ausbildet. „Ein Unternehmen mit gutem Ruf hat es auch am Arbeitsmarkt leichter, Leute zu rekrutieren." Sein erstklassiges Image lässt sich Rosenbauer auch bei seinen Aus- und Weiterbildungsprogrammen einiges kosten. Diese reichen von EDV-Kursen und Sprachausbildung bis hin zu Persönlichkeitsentwicklung und Führungstraining.

Berndorf – Wie der Werkzeug- und Transportbandbauer durch Mitarbeiterbeteiligung und partizipatives Management Arbeitskräfte anzieht

Zur Berndorf AG gehören rund 40 Unternehmen, die überwiegend in den Bereichen Werkzeugbau und Industriebleche tätig sind. Hauptsitz der börsennotierten Holding ist Berndorf. Im Jahr 2007 beschäftigte die Gruppe knapp 2300 Mitarbeiter, die einen Umsatz von rund 233 Millionen Euro erwirtschafteten. Rund 94 Prozent der Umsätze erzielte die Gruppe 2007 jenseits der Landesgrenzen, doch mehr als ein Drittel der Arbeitsplätze befindet sich noch immer in Österreich. Die bedeutendsten Tochterunternehmen sind

- die Berndorf Band GmbH, ein weltweit führender Anbieter von Edelstahlprozess- und Transportbändern, der Fertigungsstätten und Serviceniederlassungen rund um den Globus unterhält,
- Aichelin, ein gleichfalls global führender Hersteller von Industrieöfen mit Standorten in Wien und in Baden-Württemberg, einer Engineering-Tochter in den USA sowie eigenen Produktionsstätten in Brasilien und China,
- die Hasco GmbH mit Sitz im nordrhein-westfälischen Lüdenscheid, einer der weltweit führenden Werkzeugbau-Spezialisten mit über 40 Standorten in 37 Ländern.

Der Kern des heutigen Konglomerats ist durch die Privatisierung von Staatsunternehmen Ende der 1980er-Jahre entstanden: Die Führungscrew übernahm das Unternehmen per Management-Buyout und akquirierte seither gezielt weitere Betriebe – hauptsächlich aus der Blech- und Werkzeugsparte.

Berndorf ist seit vielen Jahren auch in Asien und Lateinamerika präsent. Bei der Erschließung neuer Märkte achtet das Unternehmen darauf, Tochtergesellschaften möglichst „mit lokalem Personal und nicht mit Expatriates zu gründen“, wie Vorstandschef Dr. Peter Pichler im Gespräch erklärt. Wegen der geringen Größe des Heimatmarkts seien viele österreichische Unternehmen schon seit Jahrzehnten daran gewöhnt, Auslandsmärkte zu erschließen. Diese Erfahrung komme Berndorf auch in den neuen Boomregionen zugute.

Teamorientiertes Management und dezentrale Unternehmensstruktur

Die Berndorf Band GmbH beispielsweise ist überall „dort, wo unsere Kunden sind, wo es einen Markt gibt“ – also auch in China und Indien. Meist geht das Unternehmen zweigleisig vor: In lukrativen neuen Märkten werden zunächst Tochtergesellschaften gegründet, die ohne zentrale Lenkung im regionalen Markt agieren, mit einem Verantwortlichen an der Spitze, der auch am Unternehmenserfolg beteiligt ist. Erst wenn der Markt einen bestimmten Entwicklungsgrad erreicht hat, empfehlen die Führungskräfte vor Ort, dass die Berndorf-Gruppe dort eigene Niederlassungen errichtet. „Ein sehr dezentraler Prozess“, erläutert Vorstandschef Pichler, „der in den lokalen Märkten vorangetrieben wird.“

Die dezentrale Struktur der Gruppe wurde bereits von Pichlers Vorgänger eingeführt: Unternehmensgründer Mag. Peter Zimmermann, heute Aufsichtsratsvorsitzender der Berndorf AG, ließ die „markt- und kundenorientierten Geschäftseinheiten als GmbHs verselbstständigen und darüber die Berndorf AG als Holding installieren“, wie er selbst 2005 in einem Interview ausführte. Im nächsten Schritt holte sich Zimmermann, der die Holding ursprünglich als Alleinvorstand führte, kompetente Verstärkung – seinen heutigen Nachfolger auf dem Stuhl des Vorstandsvorsitzenden.

Im Jahr 2004 wurde das Leitungsteam durch einen Kreis von acht Leuten erweitert, die regelmäßig zusammenkommen, um über Zukunftsinvestitionen und die künftige Strategie für die gesamte Gruppe zu beraten. In diesem Kreis sind die Hauptverantwortlichen der jeweiligen Tochterunternehmen vertreten. Sie legen gemeinsam die Weichenstellungen für die ganze Unternehmensgruppe fest – ein Führungskonzept, das die Vorzüge zentraler und dezentraler Organisation vereint und gerade für die multipolare Welt besonders geeignet ist: Es erlaubt den Verantwortlichen der Tochtergesellschaften, flexibel und selbstständig je nach lokalen Erfordernissen zu handeln, und stellt zugleich sicher, dass die Gruppe nicht in unkoordinierte Einzelteile ohne gemeinsame Strategie und Kultur zersplittert. Da die Geschäftsführer der GmbHs an der Holding und die Vorstände an den Töchtern beteiligt sind, haben die Leader stets beide Levels im Auge.

In den neuen Boomregionen sieht Pichler noch gewaltige Wachstumschancen für sein Unternehmen. „In Russland und China gibt es noch sehr viel zu tun, ebenso in der Türkei oder etwa im Iran.“ Dabei laufe man zwar Gefahr, dass die lokalen Mitarbeiter, kaum geschult, sich plötzlich selbstständig machen; aber solche Risiken, meint Pichler, müsse man eingehen, und als Mittelstandsunternehmen habe man zudem Möglichkeiten, sich vor Ort zu verwurzeln, die einem Großkonzern nicht zur Verfügung stünden. Als Beispiel führt er den Co-Geschäftsführer eines Tochterunternehmens in China an: Der Mann ist an der lokalen Neugründung beteiligt „und seine Familie verdient auch mit an der Zulieferindustrie“, für die wiederum Berndorf Transportbänder oder auch Industrieöfen liefert.

Mitarbeiterbeteiligung und Unternehmenskultur

Der Fachkräftemangel macht Berndorf zunehmend zu schaffen, vor allem an den Unternehmensstandorten in Österreich und Deutschland. Obwohl sich Berndorf bei der Ausbildung von Facharbeiternachwuchs über dem Branchendurchschnitt engagiert und die Mitarbeiterfluktuation verhältnismäßig gering ist, wird es zunehmend schwierig, gut ausgebildete Fachkräfte zu finden.

Gegenüber vielen Wettbewerbern hat das Unternehmen beim Konkurrenzkampf um die besten Arbeitskräfte jedoch einen klaren Vorteil: Berndorf beteiligt seine Mitarbeiter am Unternehmen – nicht nur das Management, sondern auch die Beschäftigten in der Produktion und im kaufmännischen Bereich. „Erfolg heißt auch Beteiligung“, erklärt Pichler bündig. „Die Geschäftsführer sind an der jeweiligen Tochter und ebenso an der Holding beteiligt, und damit profitieren sie auch jedes

Mal, wenn ein neuer Betrieb dazugekauft wird." Bei Akquisitionen im Ausland sei das nicht immer möglich, aber man bemühe sich, das Berndorf-Konzept auch bei Übernahmen in Asien oder anderswo umzusetzen, führt der Vorstandschef aus. „In Österreich haben wir viel Erfahrung mit dem Beteiligungsmodell, im Ausland lernen wir mehr und mehr dazu."

Seinen Beschäftigten mit mittlerer und geringer Qualifikation bietet Berndorf ebenfalls eine Beteiligung am Unternehmen an. Für fünf österreichische Tochtergesellschaften wurden eigens Genussscheine aufgelegt, die alle Mitarbeiter erwerben können. Bei der Berndorf Band GmbH, erzählt Pichler weiter, wurden mit einem Bonusmodell zudem Anteile für alle gratis ausgegeben – als Gratifikation für den gemeinsam erzielten Unternehmenserfolg.

Die Leistungsträger halten – auch in der Krise

Die aktuelle Finanz- und Wirtschaftskrise macht Berndorf durchaus zu schaffen – vor allem in der Kapitalverknappung sieht Pichler „eine sehr große Gefahr" und befürchtet, dass das sich verringernde Auftragsvolumen früher oder später auch Auswirkungen auf die Beschäftigtenzahl haben könnte. „Ich hoffe, dass wir nicht gezwungen sein werden, bei den Leistungsträgern, bei den Ingenieuren, die uns immer weitergebracht haben, größere Einschnitte zu machen. Denn wir wissen, dass diese Mitarbeiter uns sonst in Zukunft fehlen würden." Eben deshalb seien die Eigentümer des Unternehmens grundsätzlich bereit, „zu warten und durchzutauchen".

Der traditionell respektvolle, nahezu familiäre Umgang, den Management und Mitarbeiter untereinander pflegen, ist für Pichler ein wesentlicher Erfolgsfaktor für die richtige Positionierung in der multipolaren Welt. Auch die Standorte rund um den Globus und die Präsenz der Gruppe in allen wesentlichen Märkten sieht der Unternehmenschef „eher als Vorteil in der Krise".

Der österreichische Kapitalmarkt: starkes Wachstum, weiterhin Nachholbedarf

Österreich ist für ausländische Direktinvestitionen (ADI) ein attraktiver Standort: Die effektive Unternehmensbesteuerung hierzulande ist niedriger, die Ausgaben für Forschung und Entwicklung sind höher als in vielen vergleichbaren Ländern – wenn auch noch längst nicht hoch genug. Die Anstrengungen von Politik und Wirtschaft zur Steigerung der österreichischen Wettbewerbsfähigkeit wurden von den Investoren in den zurückliegenden Jahren auch eindrucksvoll honoriert: Der Bestand an Direktinvestitionen im Inland ist von 2003 bis 2006 um 50 Prozent emporgeschnellt. Von 2000 bis 2006 nahmen ADI in Österreich durchschnittlich um 16,6 Prozent pro Jahr zu. 28 Milliarden Euro flossen zwischen 2003 und 2008 in Unternehmen mit Stammsitz in Österreich oder in hiesige Niederlassungen multinationaler Konzerne.

Allerdings ist der Kapitalmarkt in Österreich trotz seines überdurchschnittlichen Wachstums noch immer vergleichsweise schwach ausgebaut. Zwei Drittel der ADI stammen aus Europa; Investitionskapital aus den neuen Boomregionen spielt demgegenüber noch keine nennenswerte Rolle. Auf diesem Gebiet stehen unserem Land also tiefgreifende Veränderungen erst noch bevor: Ausländische Unternehmen – zunehmend mit Stammsitz in Indien oder China, Russland oder Brasilien – werden künftig vermehrt österreichische Firmen aufkaufen oder sich an ihnen beteiligen und auf dem Inlandsmarkt gegen die lokalen Champions antreten.

Auch bei seinen Kapitalexporten legt Österreich mittlerweile ein rekordverdächtiges Wachstumstempo vor: Von 2003 bis 2006 wuchs der Bestand österreichischer Unternehmensinvestitionen im Ausland um durchschnittlich 44,7 Prozent – dagegen kommen vergleichbare Länder wie

Belgien und Dänemark, die Niederlande und Irland, Finnland und Norwegen im Mittelwert nur auf ein Wachstum von jährlich 12,4 Prozent.

Zunächst unbeeindruckt von der heraufziehenden Finanzkrise, investierten österreichische Unternehmen noch in der ersten Hälfte des Jahres 2008 beachtliche 9,3 Milliarden Euro jenseits der Landesgrenzen. Unter den Top Ten waren dabei nicht weniger als sechs osteuropäische Länder – mit der Ukraine und Russland, Kroatien, der Tschechischen Republik und Rumänien auf den Rängen zwei bis sechs und Ungarn auf Platz neun. Seinen traditionellen Spitzenplatz als wichtigstes Zielland österreichischer ADI behauptete Deutschland jedoch auch während des Osteuropa-Hypes.

Mit dem jähen Abschwung in eben noch boomenden Ländern wie Rumänien oder Kroatien hat hierzulande das große Bangen begonnen: Wie „Die Presse“ im Jänner 2009 berichtete, haben österreichische Banken in den Ländern Osteuropas Kredite von insgesamt 220 Milliarden Euro vergeben – das entspricht 68 Prozent des heimischen BIP. Nach der drastischen Abwertung lokaler Währungen wie des russischen Rubel oder des ungarischen Forint bereitet es vielen Unternehmen, aber auch privaten Konsumenten und Hausbauern, größte Mühe, diese Kredite zu bedienen. Doch selbst wenn der Bankrott ganzer Staaten durch nationale wie internationale Anstrengungen wohl letztlich verhindert werden kann – der hauptsächlich durch Schulden finanzierte Osteuropa-Boom ist für absehbare Zeit vorbei.

Der Absturz im Osten bedeutet einen veritablen Schock für Österreichs Unternehmen und unsere Volkswirtschaft insgesamt: 82 Prozent der hiesigen Top-Manager stimmten noch 2007 der Aussage zu, dass Österreich der Hauptgewinner der EU-Osterweiterung sei. Eine Einschätzung, die auch das Institut für Wirtschaftsforschung (WIFO) teilte: In den nächsten zehn Jahren, so rechneten die Forscher damals vor, werde das Bruttoinlandsprodukt allein durch den Osteuropa-Boom jährlich um 0,2 Prozent zulegen. Diese Prognosen haben unterdessen jede Gültigkeit verloren. Im Gegenteil sind nun nicht wenige der 150.000 neuen Arbeitsplätze in Gefahr, die seit der EU-Osterweiterung im Inland entstanden sind.

Höchste Zeit also für Österreichs Unternehmen, sich auf die weitaus dynamischer und nachhaltiger wachsenden Boomregionen der multipolaren Welt zu fokussieren: 2006 haben sie 46 Prozent ihrer ADI nach Mittel- und Osteuropa gepumpt und lediglich dürftige 2 Prozent nach Asien gelenkt – dieses Verhältnis sollte sich möglichst rasch zugunsten der pazifischen und lateinamerikanischen Wachstumsräume verschieben.

Wie Österreichs Unternehmen um Kapital wetteifern

In einer Finanzkrise ist es für viele Unternehmen besonders schwer, sich mit dem nötigen Kapital für Akquisitionen oder für Investitionen in Forschung und Entwicklung zu versorgen. Doch auch jenseits der momentanen Kreditklemme wird Investitionskapital gerade für westliche Unternehmen ein knappes Gut bleiben: Seit den 1990er-Jahren fließen immer größere Anteile der globalen ADI in die neuen Boomregionen in Asien oder Südamerika. Denn Wachstum ist in den entwickelten und demografisch überalterten Märkten der USA, Westeuropas und Japans nur noch in sehr geringem Maß möglich. Durch den Boom der zurückliegenden Jahre haben Länder wie China, Südkorea oder Singapur gewaltige Devisenvorräte angehäuft und auch die Schatzkammern rohstoffreicher Länder wie die Russlands oder der Golfstaaten sind wohlgefüllt. Global operierende Unternehmen aus den alten Industrieregionen müssen also besondere Anstrengungen unternehmen, um im zunehmend härter geführten globalen Wettkampf um Kapital für potenzielle Investoren attraktiv zu sein.

Wie gehen nun österreichische Unternehmen mit dieser Herausforderung um?

Bene – Wie der Büromöbelhersteller durch eine kreative Kapitalisierungsstrategie zum multipolaren Player aufsteigt

Der mittelständische Büromöbelhersteller befindet sich seit den 1980er-Jahren auf einem höchst erfolgreichen Expansionskurs. Maßgeblich für das Wachstum des Unternehmens waren strategische Zusammenschlüsse mit großen Wettbewerbern sowie der Gang an die Wiener Börse im Jahr 2006.

Bereits 1988 begann Bene mit der Eröffnung von Geschäftsstellen in London und Moskau sein Vertriebsnetz zu internationalisieren. In den 1990er-Jahren baute das Unternehmen in Mittel- und Osteuropa ein eigenes Vertriebsnetz auf, seit 2000 auch verstärkt in Westeuropa. Zugleich wurde das Stammwerk in Waidhofen zu einer der modernsten Büromöbelfabriken Europas umgerüstet. 2003 gründete Bene ein Joint Venture mit einem Partner in Polen. Im Jahr darauf expandierte das Unternehmen nach Dubai, wo eine Niederlassung eröffnet wurde. Überdies verbündete sich Bene in Japan mit dem lokalen Möbelspezialisten Kokuju und fasste so auch in Asien Fuß.

Das nötige Kapital für sein weiteres Wachstum verschaffte sich Bene in zwei Schritten: 2004 stieg ein Finanzkonsortium unter Führung der Unternehmensinvest AG (UIAG) bei dem Möbelhersteller ein. Zwei Jahre darauf wandelte sich das Unternehmen in eine Aktiengesellschaft um und ging – nachdem die UIAG wieder ausgestiegen war – an die Wiener Börse. Zur Vorbereitung des Börsegangs hatte sich Vorstandschef Frank Wiegmann von österreichischen Investmentbanken beraten lassen, um eine möglichst hohe Attraktivität der Bene-Aktie sicherzustellen. Zudem musste dafür gesorgt werden, dass Bene alle Voraussetzungen für den Börsegang erfüllte – vom Rechnungswesen über das Controlling bis zur Roadshow, bei der sich das Unternehmen potenziellen Investoren präsentierte.

Der Gang an die Börse erwies sich schnell als erfolgreich. Bereitwillig griffen die Anleger zu und ermöglichten es dem Top-Management, die nächste Expansionsstufe zu zünden: Das Bene-Vertriebsnetz wurde in Ost- und Südeuropa sowie im arabischen Raum weiter ausgebaut. Zudem übernahm das Unternehmen Bürofachhandelsketten in Deutschland und Belgien, seine bisherigen Vertriebspartner vor Ort.

Heute ist Bene Marktführer in Österreich und belegt im europäischen Ranking der Büromöbelbranche Platz 6 (Stand Ende 2008). Das Beispiel Bene zeigt, dass sich auch mittelständische Unternehmen durch den Börsegang Kapital besorgen und auf dieser Basis eine erfolgreiche Wachstumsstrategie umsetzen können. Ein Vorbild, das viele Nachfolger finden sollte – zum Nutzen der Unternehmen wie auch Österreichs als Kapitalstandort.

KTM – Wie der Motorradbauer mit der Schubkraft multipolarer Investoren an die Spitze fährt

Im Jänner 1992 wurde der österreichische Motorradbauer KTM, der im Vorjahr Insolvenz angemeldet hatte, für umgerechnet rund 4 Millionen Euro von den Gläubigerbanken gekauft und unter dem Namen KTM-Sportmotorbicycles GmbH neu gegründet. Der Käufer war die KTM Motorradholding GmbH, bestehend aus der Cross Holding und vier KTM-Importeuren aus den Niederlanden, Italien und Deutschland.

Die Kühlerproduktion wurde an ein italienisches Unternehmen weiterverkauft. Vor der Insolvenz hatte KTM zudem Fahrräder hergestellt, doch diesen Firmenteil hatten bereits die Gläubigerbanken ausgegliedert und verkauft. Das neue Unternehmen spezialisierte sich fortan auf die Produktion von sportlichen Offroad-Motorrädern. Der Erfolg ließ nicht lange auf sich warten: Im Geschäftsjahr 1992/1993 konnte KTM bereits 6000 Motorräder absetzen. Im Jahr darauf wurde die Produktpalette auf Viertakt-Enduros für Hobby-Geländefahrer ausgeweitet. 1995 übernahm das Unternehmen den schwedischen Rivalen Husaberg und den niederländischen Zulieferer White Power Suspension – da hatte sich der Absatz gegenüber 1993 bereits auf 12.000 Motorräder verdoppelt. Im Jahr darauf wurden nochmals 50 Prozent mehr Geländemaschinen verkauft – hauptsächlich nach Deutschland und in die USA.

Schon 1993 hatte die Cross Holding die Unternehmensanteile der Importeure aufgekauft. Ende 1994 wurde das Unternehmen in eine Aktiengesellschaft umgewandelt. Zwei Jahre später folgte der Gang an die Wiener Börse. Da setzte das wiedererstandene Unternehmen bereits deutlich mehr als 100 Millionen Euro jährlich um. Und das war erst der Anfang einer Erfolgsgeschichte, die KTM in die globale Champions League der Motorradhersteller katapultieren sollte.

Möglich wurde die rapide Expansion des folgenden Jahrzehnts hauptsächlich durch die wohldurchdachte Kapitalisierungsstrategie. Nur drei Jahre nach dem erfolgreichen Börsegang, der die Kasse des Unternehmens füllte, wurde KTM wieder aus dem Wiener Aktienindex gelöscht: Das Unternehmen befand sich nun zu 99,76 Prozent im Besitz der Cross Beteiligungsverwaltungs-AG; diese gehörte nur noch zu 2 Prozent der Cross Holding. Die restlichen 98 Prozent teilten sich die britische Finanzgesellschaft BC Partners (48,9 Prozent), die Cross Beteiligungs AG (38,3 Prozent) und die österreichische Hofer Privatstiftung (10,8 Prozent). Durch den Einstieg des britischen Investors und den anschließenden Abschied von der Börse wollte die Unternehmensleitung um Vorstandschef Stefan Pierer verhindern, dass KTM zum Spielball von Spekulanten wird. Denn die Wachstumsstrategie des Unternehmens sah auch während der folgenden Jahre massive Investitionen vor – die Aktionäre hätten daher nicht mit einer Dividendenausschüttung rechnen können, weshalb der Aktienkurs über kurz oder lang unter Druck geraten wäre.

Gestützt auf den Finanzinvestor konnte das Unternehmen 1999 das neue KTM-Werk in Mattighofen, 2001 ein neues Ersatzteillager, 2002 ein neues Motorenwerk und 2003 ein neues Entwicklungszentrum eröffnen.

Zwischen 2003 und 2006 ging die Cross Holding ihrerseits an die Börse, kaufte alle Anteile an dem Unternehmen zurück und benannte sich in KTM Power Sports AG um.

Als Nächstes stieg das Unternehmen in den boomenden Quad-Markt ein. Hierfür wurde 2005 ein Investor mit Erfahrung im Segment der All Terrain Vehicles (ATV) gewonnen – die US-amerikanische Firma Polaris Industries, die für 66,6 Millionen Euro 24 Prozent an KTM Power Sports übernahm. „Ich bin überzeugt davon", erklärte Polaris-CEO Tom Tiller, „dass diese Partnerschaft substanziellen Nutzen für beide Unternehmen erbringt. Wir bewundern seit Langem den Erfolg von KTM und freuen uns darauf, durch die Zusammenarbeit beide Unternehmen zu stärken. Polaris kann von KTMs profunder Erfahrung in der Motorradproduktion, von einer herausragenden Marke, führender Technologie und einem soliden Produktions- und Händlernetzwerk in Europa profitieren." Auch KTM-Chef Pierer zeigte sich mit dem Deal höchst zufrieden: „Polaris und KTM ergänzen sich sehr gut. Indem wir unsere Kräfte vereinen, können wir die Präsenz von KTM in Nordamerika stärken, unsere Produktionskosten senken, unsere Entwicklungskosten besser aufteilen und unseren Einstieg in das ATV-Geschäft erheblich beschleunigen."

Bis Juni 2007 veräußerte Polaris jedoch wieder den größten Teil seiner KTM-Aktien und hält seither nur noch weniger als 5 Prozent. Zugleich haben die österreichischen Offroad-Spezialisten aber einen strategischen Partner aus einem der größten und dynamischsten Wachstumsmärkte der multipolaren Welt gewonnen: Bajaj Auto, der führende Autohersteller Indiens und weltweit der viertgrößte Produzent von Zwei- und Dreiradfahrzeugen, hält seit Ende 2007 mehr als 20 Prozent an KTM und strebt an, seine Anteile bis zur Sperrminorität von 25 Prozent weiter zu erhöhen. Zudem gaben beide Unternehmen weitreichende Kooperationsvereinbarungen bekannt. So liefert KTM fortan das Know-how für die gemeinsame Entwicklung neuer wassergekühlter Motoren für Straßenmotorräder mit geringem Hubraumvolumen.

Die neuen Modelle sollen in Indien produziert werden und im EU-Raum vor allem Einsteiger im Straßenmotorrad-Bereich begeistern – ein Marktsegment mit erheblichem Wachstumspotenzial, da der neue EU-Führerschein Autofahrern das Steuern von Motorrädern bis 125 Kubikzentimeter ohne zusätzliche Fahrprüfung erlaubt. Zugleich sollen die neu entwickelten Motoren als Basis für Motorräder dienen, die Bajaj in Indien auf den Markt bringen will. Darüber hinaus sieht die Vereinbarung vor, dass Bajaj den Vertrieb der KTM-Produkte in Indien und weiteren Ländern in Südostasien übernimmt.

2007/2008 lag der Umsatz von KTM bei nahezu 606 Millionen Euro. Mehr als zwei Drittel davon wurden noch in Europa erwirtschaftet, jedoch auch bereits deutlich mehr als 10 Prozent in Märkten außerhalb Europas und Nordamerikas. 23 Vertriebstöchter beliefern weltweit rund 1400 unabhängige Händler mit KTM-Produkten. Die Marktkapitalisierung von KTM betrug Ende 2007 zirka 390 Millionen Euro. Bei Motorradrennen wurden bis dahin 136 Weltmeistertitel mit KTM-Maschinen errungen und nicht weniger als sieben Siege bei der legendären Rallye Dakar (früher: Rallye Paris-Dakar) gingen auf das Konto von KTM. Eine Success Story, die das Unternehmen binnen 15 Jahren nach seiner Neugründung an die Weltspitze führte – getrieben durch Innovationskraft und eine findige Kapitalisierungsstrategie.

Das Beispiel KTM zeigt, wie ein Nischenplayer in der multipolaren Welt durch strategische Partnerschaften nicht nur seine Kapitalausstattung verbessern, sondern zugleich in den Märkten der beteiligten Unternehmen Fuß fassen kann – in den USA und im Quad-Segment durch Polaris sowie in Indien und bei den Einsteiger-Straßenmotorrädern mit Hilfe von Bajaj.

OMV – Wie sich der einst staatliche Ölkonzern zum Global Player und Marktführer in Mitteleuropa entwickelt

Im Jahr 1995 gab sich die einstige ÖMV einen neuen Namen: OMV. Die wenig spektakuläre Umbenennung war nur das äußerlich sichtbare Zeichen einer tiefgreifenden Transformation, durch die sich die frühere Österreichische Mineralölverwaltung zu einem börsennotierten Konzern mit globalem Aktionsradius gewandelt hat.

Anfang Dezember 1987 erfolgte der erste Privatisierungsschritt: 15 Prozent vom Grundkapital des bis dahin hundertprozentigen Staatsunternehmens wurden an die Wiener Börse gebracht. Der Konzern nutzte die neu gewonnene Kapitalkraft und übernahm die Raffinerie im bayerischen Burghausen. Zwei Jahre darauf wurden weitere 10 Prozent des Unternehmens an der Börse platziert.

Nach dem Fall des Eisernen Vorhangs stieg die OMV ins internationale Tankstellengeschäft ein. Der Konzern akquirierte Kraftstoffstationen in Ungarn, Tschechien und der Slowakei, außerdem in Deutschland und Italien. Der Erfolg machte das Unternehmen zunehmend attraktiv für Investoren aus dem In- und Ausland. 1994 übernahm die International Petroleum Invest Company (IPIC) mit Sitz in Abu Dhabi in zwei Etappen 19,6 Prozent der OMV-Anteile. Damit war der Konzern erstmals mehrheitlich (zu 50,1 Prozent) in Privatbesitz.

Der Staatsanteil an den Aktien sank bis 2004 durch Aktienverkäufe (1996) und Kapitalerhöhung (2004) auf 31,5 Prozent. Zugleich begann das Unternehmen, massiv in sämtliche Abschnitte der Mineralöl-Wertschöpfungskette zu investieren. Einige Highlights:

- 1998 erwarb die OMV 25 Prozent der Borealis AG – der Kunststoffhersteller mit Sitz in Wien zählt weltweit zu den führenden Unternehmen der Petrochemie.

- 1999 begann das Unternehmen, ein eigenes Tankstellennetz in Bulgarien und Rumänien aufzubauen.
- 2000 erstand der Konzern rund 10 Prozent des ungarischen Mineralölkonzerns MOL (seit September 2007 hält er 20,2 Prozent).
- 2003 akquirierte die OMV das Ölfördergeschäft der deutschen Preussag Energie und erwarb 45 Prozent des Raffinerieverbundes Bayernoil sowie 313 Tankstellen in Deutschland, Ungarn und der Slowakei vom BP-Konzern. Im selben Jahr kaufte das Unternehmen zudem 139 Avanti-Tankstellen in Österreich, Tschechien, der Slowakei und Bulgarien.
- 2004 verleibte sich der Energiekonzern mit 51 Prozent des rumänischen Öl- und Gaskonzerns Petrom einen besonders großen Brocken ein: Allein die Mitarbeiterzahl der OMV schnellte durch die Übernahme von 6137 (2003) auf 57.480 (2004) empor. Um den Mega-Deal zu finanzieren, wurde abermals das Kapital erhöht und zudem eine Wandelanleihe begeben.
- 2005 übernahm der Konzern zusammen mit seinem arabischen Shareholder IPIC das Petrochemie-Unternehmen Borealis zu 100 Prozent.
- 2006 kaufte die OMV 34 Prozent an dem türkischen Ölkonzern Petrol Ofisi (heute hält sie 41,58 Prozent).

2008 konnte die OMV einen weiteren schlagzeilenträchtigen Deal bekannt geben: Im Jänner unterschrieben der Konzern und der russische Energiegigant Gazprom ein Agreement zum späteren Einstieg Gazproms bei der OMV-Tochter CEGH; das Kürzel steht für Central European Gas Hub GmbH. Die CEGH ist eine Gashandelsplattform mit Sitz in Wien. Gemeinsam wollen die OMV und der weltgrößte Erdgas-Monopolist die CEGH zur größten Gashandelsplattform in Kontinentaleuropa ausbauen. Als erstes westeuropäisches Unternehmen überhaupt hatte die OMV bereits 1968 einen Gasliefervertrag mit der damaligen UdSSR geschlossen.

Nach mehr als einem Jahrzehnt der strategischen Akquisitionen und Allianzbildungen zählt die OMV heute zu den größten Energiekonzernen Mitteleuropas. Die Erdöl- und Erdgasproduktion des Unternehmens ist von 2003 bis 2007 um mehr als 150 Prozent gestiegen. Die Umsatzerlöse wurden im gleichen Zeitraum auf über 20 Milliarden Euro nahezu verdreifacht. Der Konzern investierte 2008 mit 3,54 Milliarden Euro in seine Bereiche Exploration und Produktion, in Raffinerien und Marketing sowie in die Bereiche Gas und Power. Fast 41.300 Mitarbeiter waren 2008 bei OMV beschäftigt – davon über 35.000 bei der 2004 mehrheitlich erworbenen (und seitdem stetig verschlankten) rumänischen Tochter Petrom.

Der Konzern fördert und produziert Erdöl und Erdgas in den Regionen Mittel- und Osteuropa, Nordafrika, Nordwesteuropa, im Mittleren Osten, in Australien/Neuseeland sowie in Russland und der Kaspischen Region. Mit seinen Raffinerien im österreichischen Schwechat, im bayerischen Burghausen sowie in Petrobrazi und Arpechim (beide Rumänien) und durch seine 45-Prozent-Beteiligung am süddeutschen Raffinerieverbund Bayernoil verfügt das Unternehmen über eine Raffineriekapazität von rund 26 Millionen Tonnen. An mehr als 2500 Tankstellen in 13 mitteleuropäischen Ländern wurden 2008 Kraftstoffe des Marktführers OMV abgesetzt.

Ein eindrucksvoller Aufstieg vom lokal agierenden Staatsunternehmen zum multipolar präsenten, entlang der gesamten Wertschöpfungskette aktiven Top-Player. Möglich wurde diese Erfolgsgeschichte durch eine weitsichtige, kreative Kapitalisierungsstrategie. Trotz seiner rapiden Expansion wies der Konzern 2008 eine Eigenkapitalquote von stattlichen 44 Prozent auf (2003: 36 Prozent); der Verschuldungsgrad lag bei 37 Prozent (2003: 40 Prozent). OMV-Chef Wolfgang Ruttenstorfer kann daher selbst in der aktuellen Finanz- und Wirtschaftskrise vergleichsweise gelassen bleiben: „Dank integriertem Geschäft und solider Finanzstruktur ist OMV gut positioniert, um mit den Herausforderungen und Chancen eines sich verschlechternden Marktumfelds umzugehen“, erklärte er im Herbst 2008.

Ziel des Konzerns ist, seine Nummer-eins-Position in Mitteleuropa zu stärken und das Öl- und Erdgasunternehmen zu werden, das von den Chancen der EU-Erweiterung am meisten profitiert und die zukünftige Energieversorgung durch eine starke Position in Exploration und Produktion sichert.

Österreichs Ressourcenmarkt: abhängig von Importen – einheimische Bioenergie im Kommen

Österreich ist von ausländischen Energielieferungen deutlich abhängiger als der EU-Durchschnitt: 72,6 Prozent der hierzulande eingesetzten Energie stammten 2006 aus russischen Gaspipelines, aus saudi-arabischen, kasachischen oder russischen Ölquellen – die EU-Länder bezogen dagegen im Durchschnitt nur 53,8 Prozent ihres Energiebedarfs von ausländischen Lieferanten. Mit einem Anteil von 42,2 Prozent am österreichischen Bruttoinlandsverbrauch (BIV) war Erdöl weiterhin der mit Abstand wichtigste Energieträger, gefolgt von erneuerbaren Energiequellen wie Wasserkraft, Wind- und Sonnenenergie (22,4 Prozent), Erdgas (21,9 Prozent) und Kohle (11,8 Prozent). Während der Anteil der Kohle am BIV seit 1970 – mit Schwankungen – um rund 15 Prozent zurückgegangen ist, legten Erdöl um mehr als 50 Prozent, Erdgas sogar um fast das Dreifache zu. Doch auch der Anteil der erneuerbaren Energien am BIV stieg in diesem Zeitraum um über 250 Prozent.

Nahezu ein Drittel (31,7 Prozent) der hierzulande konsumierten Endenergie floss 2006 in den Verkehr. Kaum weniger (29 Prozent) wurde in der Sachgüterproduktion verbraucht; mit weiteren 25 Prozent schlugen die privaten Haushalte zu Buche.

Der Spritdurst der Automobile lässt sich durch Effizienzsteigerung bei den herkömmlichen Triebwerken, durch vermehrten Einsatz von Hybridtechnik sowie – mittelfristig – durch die Entwicklung serien- und alltagstauglicher Elektromotoren noch deutlich drosseln. Auch in den Privathaushalten sind durch Wärmedämmung – Stichwort „Passivhaus" – noch erhebliche Einsparungen beim Energieverbrauch möglich. Im Rahmen dieses Buches interessieren vornehmlich die Einsparpotenziale im industriellen Sektor – dem einzigen Bereich, in dem 2006 mehr (+ 2,8 Prozent) Energie als im Vorjahr verbraucht wurde (Verkehr - 2,1 Prozent, Haushalte - 1,9 Prozent).

Kein Zweifel: Unsere Industrie muss grüner werden, wobei allerdings zu beachten ist, dass nicht jeder biogene Energieträger automatisch umweltfreundlicher ist als fossile Brennstoffe. So kann Ökosprit aus Biomasse – also aus pflanzlichen Substanzen und den aus ihrer Nutzung entstehenden Abfällen und Rückständen – die Atmosphäre sogar mit höheren CO_2-Emmissionen belasten als herkömmlich aus Erdöl hergestelltes Benzin. Insgesamt jedoch bietet die „Ökologisierung" der Unternehmen durch weitestmögliche Umstellung auf erneuerbare Energien und energieeffiziente Prozesse die größten Potenziale, um sowohl unsere Abhängigkeit von ausländischen Energielieferanten zu verringern als auch Umwelt und Klima zu schonen.

Was die Steigerung der Ressourceneffizienz angeht, befindet sich Österreichs Wirtschaft auf einem guten Weg, wie einige weitere Zahlen zeigen. So stieg der Energieendverbrauch in der einheimischen Sachgüterproduktion von 1990 bis 2006 zwar um gewaltige 28,5 Prozent – die reale Bruttowertschöpfung aber legte mit einem Plus von 56,3 Prozent im gleichen Zeitraum noch erheblich schneller zu. Die Energieintensität in der

Industrie ging also deutlich zurück: Pro Produktionseinheit mussten 2006 im Durchschnitt 17,8 Prozent weniger Energie aufgewendet werden als 16 Jahre zuvor. Jedoch sind hier noch erheblich stärkere Anstrengungen erforderlich, damit Österreichs Unternehmen trotz mittelfristig weiterhin steigender Energiepreise in der multipolaren Welt wettbewerbsfähig bleiben und zugleich die zunehmend strengeren nationalen und internationalen Umweltrichtlinien erfüllen können.

Auch der Anteil der erneuerbaren Energieträger legt hierzulande kontinuierlich zu: Beachtliche 62 Prozent der im Inland erzeugten Energie stammten 2006 bereits aus grünen Quellen wie Biomasse, Wasser- oder Windkraft. Um immerhin knapp 33 Prozent hat Österreich zwischen 2000 und 2006 seine eigene Energieproduktion hochgefahren, hauptsächlich durch Ausbau von Bioenergie. Doch der Verbrauch wuchs deutlich schneller: Um 1,4 Prozent pro Kopf stieg zwischen 2000 und 2006 hierzulande die Energieerzeugung – der Energiekonsum jedoch mit 15,3 Prozent mehr als zehn Mal so schnell.

Die Abhängigkeit Österreichs von Energieimporten droht sich zu einem massiven Standortnachteil auszuwachsen. Gaslieferanten wie der russische Staatskonzern Gazprom spielen ihre Marktmacht immer unverhohlener aus. Von 1998 bis 2008 hat der österreichische Gasimport um niederdrückende 45 Prozent zugelegt. Zugleich hat sich der Preis für eine Megawattstunde (MWh) von 1995 bis 2007 fast vervierfacht. Eine Million österreichische Haushalte heizen derzeit bereits mit Erdgas. Da wirkt der aktuelle Entwurf zum Ökostromgesetz wirtschaftlich wie ökologisch zumindest passagenweise eher unzeitgemäß: Er sieht den drastischen Ausbau einheimischer Gaskraftwerke vor, wodurch der Gasverbrauch nochmals um fast 25.000 MWh (2,8 Millionen m^3) steigen würde. Deutlich stärker setzen dagegen große Versorgungsbetriebe wie Verbund (siehe Seite 129) oder KELAG auf Bioressourcen – und bauen vor allem ihre Wasserkraftkapazitäten massiv aus.

Die sechs größten westlichen Wirtschaftsmächte sind mit Energieimporten von durchschnittlich 27,7 Prozent ihres Gesamtbedarfs weit weniger abhängig von den Gas- und Ölmagnaten des multipolaren Zeitalters. Und viele Länder mit ähnlichen Rahmenbedingungen wie Österreich – zum Beispiel Belgien, Irland, Dänemark – sind auf Energieeinfuhren überhaupt nicht angewiesen: Im Durchschnitt erzeugen sie weit mehr, als sie selbst benötigen.

Vor allem die Abhängigkeit vom russischen Gas setzt die Abnehmerländer zunehmend auch politisch unter Druck. „Wir sind erpressbar", warnte Franz Fischler, Präsident des Ökosozialen Forums Österreich, bei einer Pressekonferenz mit Bauernbundpräsident Fritz Grillitsch. „In der Auseinandersetzung um die russischen Erdgaslieferungen in die Ukraine wurde sehr schnell deutlich, wie sensibel und anfällig das europäische Energiesystem ist und wie sehr eine Abhängigkeit von Ressourcen auch eine politische Abhängigkeit bedeutet." Und er sagt voraus, bald schon werde es „zu einer Konkurrenz um die schwindenden fossilen Ressourcen kommen – zwischen Europa und Asien und, noch schlimmer, innerhalb Europas. Das bedeutet ein wachsendes Risiko für die EU."

Lange Zeit galten Sonnen- oder Windkraft als utopische Alternativen zu fossilen Brennstoffen wie Öl, Kohle oder Gas – nicht wettbewerbsfähig, weil viel zu teuer. Doch die explodierenden Preise für schrumpfende Ressourcen, die drastische Umweltschädigung durch den CO_2-Ausstoß aus Schornsteinen und Autos und die wachsende Neigung der Lieferländer zu machtpolitischen Muskelspielen haben einen tiefgreifenden Meinungswandel in Politik, Wirtschaft und Gesellschaft bewirkt. „Nachhaltige Energieversorgung", erklärt der ehemalige EU-Agrarkommissar Fischler, „heißt für mich: Versorgungssicherheit und Schutz der Umwelt zu wettbewerbsfähigen Bedingungen." Erdöl und Erdgas können diese Kriterien nicht erfüllen – im Gegensatz zur Bioenergie. Doch gerade auf diesem Feld bietet unser holz- und gewässerreiches, immer noch stark durch Agrarwirtschaft geprägtes Land günstige Voraussetzungen, wie Fischler weiter ausführt: „Es wächst viel Energie auf unseren Feldern und in unseren Wäldern nutzen wir teilweise nicht einmal die Energie, die schon gewachsen ist, sondern lassen sie verfaulen."

Auch die EU-Kommission drängt ihre Mitgliedsländer zur überfälligen Energiewende. In ihrem Energie- und Klimapaket vom Jänner 2008 empfiehlt sie Österreich, den Anteil erneuerbarer Energien bis 2020 auf 34 Prozent zu steigern. Nach Ansicht der Ökoenergieverbände ein erreichbares Ziel: Ebenso wie das österreichische Lebensministerium halten sie das Potenzial hierzulande für ausreichend, um bis 2020 sogar mehr als die angepeilten 34 Prozent aus erneuerbaren Energien zu decken.

Zusätzlich müssen Politik, Wirtschaft und Bürger jede vertretbare Anstrengung unternehmen, um zumindest den Zuwachs beim Energieverbrauch einzudämmen. Gelingt dies nicht, so drohen Österreich – neben den ökologischen Folgen – eine hohe Inflation infolge explodierender Energiepreise, sinkender Lebensstandard und schwindende Wettbewerbsfähigkeit einheimischer Produktionsstandorte.

Wie Österreichs Unternehmen um Ressourcen konkurrieren

Nach der derzeitigen Wirtschaftskrise, wenn weltweit die Konjunktur wieder anspringt, werden die Preise für Energie und andere Rohstoffe, insbesondere für Metalle und Mineralien, sehr rasch wieder nach oben klettern. Denn der Rohstoffhunger der multipolaren Welt ist nahezu grenzenlos – und wird in den kommenden Jahrzehnten noch weiter rapide steigen. Um jede Tonne Stahl und jedes Fass Erdöl, um Kupferminen und Erdgasfelder rivalisieren längst nicht mehr nur die alten Industrieregionen der Triade, sondern zusätzlich die wachstumsstarken und bevölkerungsreichen Giganten von morgen – China, Indien, Brasilien und Mexiko.

Ressourceneffizientes Wirtschaften bleibt also eine der großen Herausforderungen für jedes Unternehmen in der multipolaren Welt – aus Wettbewerbsgründen und als Waffe im Kampf gegen Umweltzerstörung und Klimawandel. Das gilt naturgemäß auch für österreichische Unternehmen: Durch integriertes Ressourcen- und Umweltmanagement können sie den Einfluss der Rohstoff-Preisvolatilität auf ihre Kosten begrenzen, ihr Image bei Konsumenten und Arbeitnehmern verbessern und sich zugleich rechtzeitig auf die rigideren Umweltrichtlinien einstellen, mit denen sich die Staaten weltweit gegen die drohende Klimakatastrophe stemmen werden.

Wie gehen erfolgreiche österreichische Unternehmen mit dieser Herausforderung um? Wie schlagen sie sich im multipolaren Konkurrenzkampf um Energie und andere Rohstoffe?

Strabag – Wie der Baukonzern durch Ressourcen-Autarkie weltweit erfolgreich ist

Die Strabag zählt zu den führenden Baukonzernen Europas. Mit den Sparten Hoch- und Ingenieurbau, Verkehrswegebau sowie Sondersparten (zum Beispiel Tunnelbau) und Konzessionen deckt das Unternehmen die gesamte Bau-Wertschöpfungskette ab. Rund 69.000 Mitarbeiter erwirtschafteten im Geschäftsjahr 2008 einen Umsatz von zirka 13,3 Milliarden Euro (2007: ca. 9,9 Milliarden Euro). 80 Prozent seines Umsatzes erzielte Strabag 2007 bereits jenseits der Landesgrenzen, davon 35 Prozent in Deutschland und 31 Prozent in Mittel- und Osteuropa. Doch das Unternehmen ist darüber hinaus mit zahlreichen Tochtergesellschaften rund um den Globus präsent, auf der Arabischen Halbinsel ebenso wie in Kanada Chile, China und Indien.

Einer der wesentlichen Wachstumstreiber des Konzerns ist die strategische Sicherung des Zugangs zu Ressourcen. Strabag besitzt ein eigenes Netzwerk von Stein- und Kiesgruben sowie Asphalt- und Betonmischanlagen, das kontinuierlich vergrößert wird. Auf diese Weise will das Unternehmen seine Abhängigkeit von externen Lieferanten reduzieren, die Preisvolatilität eindämmen und sich einen möglichst großen Anteil an der Bau-Wertschöpfungskette sichern.

Zuletzt gelang dem Unternehmen im Juli 2008 ein schlagzeilenträchtiger Coup: Die Strabag übernahm von der mexikanischen Cemex-Gruppe die Tochtergesellschaften Cemex Austria und Cemex Hungaria. Eine „strategisch bedeutende Akquisition", freute sich Konzernchef Dr. Hans Peter Haselsteiner, mit der die Strabag ihre Position in der Herstellung von Beton, Kies und Stein in Österreich und Ungarn stärke. Die Übernahme sei ein „Quantensprung für die Strabag", die in ihren „Kernmärkten Österreich und Ungarn nun völlig autark ist und ihren gesamten Betonbedarf aus eigenen Ressourcen stellen kann", wie Haselsteiner unmittelbar nach dem Deal erläuterte.

Kurz vorher hatte der Konzern bereits die Mehrheit an dem süddeutschen Verkehrswegebauer Kirchhoff erworben – und sich damit in den Besitz weiterer 15 Werke zur Gewinnung von Kies, Split und Schotter sowie von 34 Asphaltmischwerken gebracht. Schon Anfang 2008 hat der Konzern die Übernahme der WSI Westenfelder Stein und Diabaswerk Berge KG beim deutschen Bundeskartellamt angemeldet. „Wir bauen den Rohstoffbereich massiv aus und sichern uns als Bauunternehmen damit Unabhängigkeit", erläuterte Strabag-Sprecher Dr. Christian Ebner die Unternehmensstrategie. Derzeit verfügt die Strabag-Gruppe über 165 Steinbrüche und Kiesgruben, 323 Asphaltwerke und 214 Betonwerke (Stand Oktober 2008). Durch ihre strategischen Zukäufe entlang der Bau-Wertschöpfungskette hat sich die Strabag-Gruppe bereits weitgehende Autarkie bei allen für die Produktion benötigten Rohstoffen gesichert – und damit das Fundament für weiteres Wachstum in der multipolaren Welt gelegt.

AT&S – Wie der Leiterplatten-Spezialist mit grüner Technologie und integriertem Umweltmanagement zur Weltspitze vorstößt

Das Unternehmen mit Hauptsitz in Wien wurde 1987 gegründet – gut zwei Jahrzehnte darauf ist es bereits der größte Hersteller von Leiterplatten in Europa und Indien sowie einer der führenden Player in China. Platinen von AT&S werden weltweit in Handys, Autos oder medizintechnische Geräte eingebaut. Insbesondere bei HDI-Microvia-Leiterplatten, dem Hightech-Segment des Platinenmarktes, zählt das Unternehmen zur Weltspitze. AT&S ist seit 1999 an der Börse notiert – zunächst in Frankfurt am Main, seit 2008 in Wien.

Mehr als 6000 Mitarbeiter erwirtschafteten im Geschäftsjahr 2007/2008 einen Umsatz von 486 Millionen Euro – den höchsten der Konzerngeschichte. AT&S produziert an drei österreichischen Standorten sowie an drei weiteren Fertigungsstätten in Indien, China und Südkorea. Ein unternehmenseigenes Vertriebs-, Service- und Logistikzentrum ist in Nörvenich (Nordrhein-Westfalen) lokalisiert. Dort sowie im indischen Bangalore betreibt AT&S überdies zwei Designzentren. Vertriebsbüros unterhält der Konzern überall in Europa, außerdem in den USA, in Japan, in Australien sowie Südkorea, Indien und China.

Erklärtes Ziel des Unternehmens ist laut Selbstdarstellung, „die technologische Vorreiterrolle weiter auszubauen, das Unternehmenswachstum voranzutreiben und als Global Player der leistungsstärkste Leiterplattenproduzent weltweit zu werden". Doch den gleichen Stellenwert besitzt für das Unternehmen ein weiteres Ziel: AT&S hat sich verpflichtet, weltweit an allen Standorten aktiv zum Umweltschutz beizutragen.

Als einer der ersten Leiterplattenhersteller hat AT&S im Geschäftsjahr 1996/1997 das Umweltmanagement nach ISO 14001 eingeführt. Mittlerweile (Stand Anfang 2009) sind alle Unternehmensstandorte nach dieser Norm der International Organization for Standardization mit Sitz in Genf zertifiziert. Das Unternehmen hat sich damit verpflichtet, bei allen Aktivitäten die Entstehung von Umweltschäden zu vermeiden und alle hierfür relevanten Verfahren und Schritte sorgfältig zu dokumentieren.

AT&S betreibt ein integriertes Managementsystem für Umwelt, Arbeitssicherheit und Qualität und veröffentlicht in seinem Umweltbericht regelmäßig Kennzahlen zur Umweltbelastung durch den Verbrauch von Wasser und Chemikalien, Papier und Pappe sowie durch angefallene Abfall- und Abwassermengen. Das Unternehmen bietet seinen Mitarbeitern regelmäßig Schulung und Weiterbildung zum Thema Umweltschutz an. Ein Umweltcontroller prüft, ob die Konzernstandorte die definierten Normen einhalten. Aus dem Kreis der Mitarbeiter werden zudem „interne Umweltbeauftragte“ berufen, die für einen kontinuierlichen Informationsaustausch zwischen den Beschäftigten und dem Umweltcontroller sorgen sollen.

AT&S hat eine grüne Leiterplatten-Technologie entwickelt, die ohne bleihaltige Komponenten auskommt und der sogenannten RoHS-Richtlinie der Europäischen Union entspricht (Restriction of the use of certain hazardous substances in electrical and electronic equipment, dt.: Beschränkung der Verwendung bestimmter gefährlicher Stoffe in Elektro- und Elektronikgeräten). In seinem Leobener Werk hat der Konzern die sogenannte Grander Technologie installiert, ein Wasserbelebungssystem, das die chemiefreie Entkeimung von Wasser in Kühltürmen und Klimaanlagen erlaubt. Durch sein grünes Engagement fördert das Unternehmen sein Image als Vorreiter in Umweltfragen. Aber der sparsame Einsatz endlicher Ressourcen hat nicht zuletzt handfeste ökonomische Gründe: Für die Herstellung von Leiterplatten werden zunehmend knappe Ressourcen wie Kupfer und Erdöl benötigt, deren Marktpreise bis 2008 steil gestiegen sind – und nach der derzeitigen Finanz- und Wirtschaftskrise neuerlich emporschnellen werden. Nachhaltige Produktionsprozesse sind für AT&S also auch ein wesentlicher Erfolgsfaktor, um im Konkurrenzkampf mit Rivalen aus Niedriglohnregionen bestehen zu können. Denn die produzieren mit ungleich geringeren Arbeitskosten, doch ihr Ressourceneinsatz ist meist erheblich höher. Durch integriertes Umweltmanagement verringert AT&S also die Belastung des Ökosystems, schont die Reserven an endlichen Ressourcen und steigert zugleich seine globale Wettbewerbsfähigkeit – eine Win-win-Situation für Umwelt und Unternehmen, Ökonomie und Ökologie. Und eine gute Positionierung auf dem Weg in die multipolare Welt.

Verbund – Wie der Stromgigant durch umweltfreundliche Energieerzeugung wächst

Der Verbund – eigentlich Österreichische Elektrizitätswirtschafts-Aktiengesellschaft (Verbundgesellschaft) – ist der größte Stromproduzent und -transporteur Österreichs und gehört zu den führenden Wasserkrafterzeugern in Europa. Das Unternehmen ist in der gesamten Wertschöpfungskette aktiv – von der Stromerzeugung über den Transport bis zum Verkauf an Großkunden und Endverbraucher.

Mit mehr als 2400 Beschäftigten erwirtschaftete der Stromriese 2007 einen Umsatz von über 3 Milliarden Euro. Gut 57.000 Gigawattstunden (GWh) setzte der Verbund in diesem Jahr ab – davon jeweils mehr als 23.000 GWh in Österreich und Deutschland, den beiden wichtigsten Märkten des Unternehmens. Starkes Wachstum verzeichnete der Verbund 2007 auch in Frankreich – der Stromabsatz stieg um mehr als 100 Prozent auf über 8000 GWh.

Dagegen fielen die sonstigen Auslandsaktivitäten des Stromkonzerns in der Vergangenheit deutlich ab. Doch in den letzten Jahren hat das Unternehmen die Weichen für weiteres Wachstum in der Türkei, Frankreich, in Italien und Südosteuropa gestellt. „Es ist unsere Strategie, unser bestehendes Portfolio Österreich, Deutschland, Italien, Frankreich und Türkei zu einem integrierten Marktgebiet zu vereinen. Dieser Logik folgt auch die restliche Schwerpunktsetzung", wie Vorstandsmitglied Mag. Christian Kern im Gespräch erklärt.

Der Verbund produziert den weitaus größten Teil – durchschnittlich 85 Prozent – der selbst erzeugten Elektrizität umweltfreundlich aus Wasserkraft. Auch bei den restlichen 15 Prozent, die aus Wärmekraftwerken stammen, sorgt der Einsatz grüner Technologien für ressourceneffiziente und abgasarme Produktion. Der Konzern verfügt über ein integriertes Umweltmanagement, das sämtliche unternehmenseigenen Kraftwerke umfasst. Überdies sind bereits mehr als die Hälfte aller Unternehmensstandorte nach dem Umweltstandard EMAS (Eco-Management and Audit Scheme) und der europäischen Umweltnorm ISO 14001 geprüft und zertifiziert. In seinem Nachhaltigkeitsbericht legt der Verbund regelmäßig Rechenschaft über seine Umweltkosten ab. Diese werden im gesamten Konzern nach einer einheitlichen Systematik errechnet.

Anders als bei den Wasserkraftwerken ist der Verbund bei den gasbefeuerten Wärmekraftwerken von Gaslieferanten abhängig. Doch die viel beschworene Marktmacht der russischen Gazprom schreckt Vorstand Kern nicht. „Die Errichtung der neuen Pipeline, die unter dem Projekt Nabucco läuft" und asiatisches Erdgas nach Zentraleuropa bringen soll, „führt zu einer Diversifizierung der Quellen und gleichzeitig zu robusteren Transportwegen", erklärt er. „Die neuen Pipelineprojekte sind wichtig. Es ist wünschenswert, die Abhängigkeiten von einzelnen Lieferanten zu reduzieren. Es ist jedoch nur ein bedingter Erfolg, wenn wir zwar transnationale Abhängigkeiten reduzieren, die lokalen ‚Incumbents' aber ihre volle Marktmacht behalten. Der Ausbau wettbewerblicher Strukturen im Gasmarkt ist daher eine wichtige Voraussetzung für weitere Investitionen in Gaskraftwerke."

Um den Anteil an grünem Strom aus erneuerbaren Energieträgern noch weiter zu steigern, hat der Konzern 2007 die Verbund-Austrian Renewable Power (ARP) gegründet: Die hundertprozentige Konzerntochter soll Elektrizität aus Windkraft und Sonnenenergie gewinnen. „Energieeffizienz ist die Herausforderung Europas“, betont Kern. „Renewables sind dabei ein wichtiger Bestandteil des zukünftigen Energiemixes, der zu vernünftigen Kosten erreicht werden muss. Technologie und Märkte werden dafür präzise abzustimmen sein. Und es wird nötig sein, dort zu investieren, wo die Projekte möglichst rasch zur Marktfähigkeit geführt werden können.“ In Österreich gilt das etwa für die Wasserkraft. Angesichts beschränkter Ressourcen wird in der Zukunft aber auch die Frage der Energieeffizienz zu einem Schlüsselthema nachhaltiger Ressourcenplanung. Solange die Energiepreise, vor allem der Ölpreis, allerdings auf einem niedrigen Niveau bleiben, werden die derzeitigen Renewable-Geschäftsmodelle kommerziell nicht funktionieren können.

Im Interesse größerer Energieeffizienz modernisiert der Verbund etwa die Leitungsnetze akquirierter Verteilerunternehmen. Bei seinen Tochtergesellschaften und Beteiligungen in Frankreich und Italien setzt der Konzern stark auf Energiespartarife.

Der Verbund will auch in den kommenden Jahren weiter kräftig investieren, um seine Marktanteile im In- und Ausland zu vergrößern. Bis 2015 sollen rund 6,7 Milliarden Euro in Akquisitionen, neue Kraftwerke und Leitungsnetze fließen, davon 60 Prozent jenseits der Landesgrenzen. Wie der damalige Verbund-Chef Dr. Michael Pistauer im Feber 2008 erklärte, will sich das Unternehmen künftig zusammen mit dem Stromanbieter Energieversorgung Niederösterreich (EVN) in Südosteuropa engagieren: In Albanien errichtet der Verbund derzeit ein 48-Megawatt-Wasserkraftwerk, das ab 2012 Strom liefern soll.

In Frankreich investiert das Unternehmen seit Ende 2007 in die Stromerzeugung durch Windkraft und Sonnenenergie: Deutlich über 1000 Megawatt soll künftig der zweitgrößte französische Windkrafterzeuger SFE produzieren, an dem der Verbund über seine italienische Tochter Sorgenia die Mehrheit übernommen hat. Zudem bereitet das Unternehmen den Bau mehrerer Photovoltaik-Anlagen in Südfrankreich vor. „Dieser Schritt fügt sich lückenlos in unsere Konzernstrategie ein, wonach wir uns bei unseren Expansionsvorhaben insbesondere auf erneuerbare Energien konzentrieren", begründete der damalige Vorstandsvorsitzende Michael Pistauer im November 2007 seine Akquisition. Auch im sonnenreichen Spanien hat der Verbund zwei Photovoltaik-Kraftwerke erworben. Sie sind im Herbst 2008 ans Netz gegangen und tragen dazu bei, den Anteil an grünem Strom im Energiemix des Unternehmens noch weiter zu erhöhen.

Zugleich bereitet der Verbund seine Expansion in eine der dynamischsten Wachstumsregionen der letzten zehn Jahre vor: Zusammen mit RusHydro will das Unternehmen 1,9 Milliarden Euro im russischen Markt investieren. Der russische Partner bei diesem Joint Venture ist der größte Wasserkrafterzeuger Europas und der zweitgrößte weltweit. Im Wasserkraftwerk Motyginskaya an der Unteren Angara in Sibirien sollen künftig bis zu 1100 Megawatt Strom produziert werden. „An Russland kommt man nicht vorbei", erklärte Pistauer, „wenn man an Wasserkraft und den erneuerbaren Bereich denkt."

Österreichs Konsumenten: zurückhaltend und globalisierungsskeptisch

Als ihre Exportumsätze Ende 2008 krisenbedingt einbrachen, hofften nicht wenige österreichische Unternehmen, dass der inländische Privatkonsum den Rückgang zumindest abmildern würde. Aber die Konsumenten hierzulande blieben zugeknöpft: Was von ihrem Einkommen nicht durch die zuletzt stark gestiegenen Benzin- und Heizkosten aufgezehrt wurde, steckten sie größtenteils in den Sparstrumpf. Kostspielige Anschaffungen wie Autos oder Immobilien werden vorerst aufgeschoben. „Vom privaten Konsum", stellte auch die Oesterreichische Nationalbank im Oktober 2008 fest, „der üblicherweise in der Reifephase des Konjunkturzyklus die wichtigste Konjunkturstütze darstellen sollte, gingen keine nennenswerten Impulse aus." Selbst in der Hochkonjunkturphase von 2005 bis 2007 legten die Konsumentenausgaben hierzulande lediglich um durchschnittlich 1,9 Prozent zu – in Brasilien und Mexiko dagegen um rund 5 Prozent, in China und Indien um 8 Prozent und in Russland sogar um 12 Prozent.

Neben dieser Kaufzurückhaltung zeichnet dem österreichischen Konsumenten besonders seine hartnäckige Globalisierungsskepsis aus. Die überwiegende Mehrheit profitiert zwar objektiv seit 1995 von fallenden Verbraucherpreisen, wachsendem Wohlstand und neuen Jobs infolge der Globalisierung – zugleich aber erklärten 62 Prozent der Bürger hierzulande noch 2006, dass die weltweite wirtschaftliche Verflechtung lokale Traditionen und nationales Kulturgut gefährde. Von dieser angeblichen Bedrohung zeigten sich weltweit nur in Thailand noch mehr Bürger beunruhigt. Und alarmierende 34 Prozent der befragten Österreicher bestritten in derselben Umfrage, dass durch die Globalisierung Job- und Karrierechancen verbessert würden – mehr als in jedem anderen Land auf der Welt.

Umfragen wie diese offenbaren eine widersprüchliche Weltsicht vieler Österreicher. So sind die Preise für Textilien, Spielzeug oder Geschirr seit 1995 hierzulande zwar drastisch gefallen, anders als fast überall sonst auf der Welt schreiben die Bürger diese für sie günstige Entwicklung aber nicht der Globalisierung zu. Dabei ist der Zusammenhang offensichtlich: Allein von 1995 bis 2005 schnellte der Anteil der Niedriglohnländer an den österreichischen Gesamtimporten nahezu auf das Doppelte empor – von 9,7 auf 18,4 Prozent. So fahren viele Österreicher heute südkoreanische Autos, kaufen ihren Kindern chinesisches Spielzeug und kleiden die ganze Familie mit Textilien aus Asien ein – und sehen in der Globalisierung doch lediglich einen Zerstörer „nationaler Traditionen".

Aber das Wachstum des privaten Konsums in Österreich bliebe auch dann weit hinter asiatischen Steigerungsraten zurück, wenn sich die Bürger mehrheitlich zu Globalisierungsbefürwortern wandeln würden. Denn unsere Bevölkerungszahl wird von 2000 (8 Millionen) bis 2050 (8,2 Millionen) annähernd stagnieren, während der Anteil der Senioren und Hochbetagten kontinuierlich zunimmt. Und auch der mehr als bescheidene Bevölkerungszuwachs kommt lediglich durch den positiven Wanderungssaldo zustande: Jährlich kehren einige Tausend Österreicher ihrem Heimatland den Rücken, doch Jahr für Jahr übersiedeln auch Zehntausende Ausländer in unser Land. Von 92.000 Einwanderern kamen 2007 zirka 27.000 aus den (überwiegend osteuropäischen) Ländern, die seit 2004 der EU beigetreten sind, weitere 13.000 aus Ex-Jugoslawien (ohne Slowenien); zudem wanderten zirka 25.000 Immigranten aus den 14 „alten" EU-Staaten ein, davon 18.000 allein aus Deutschland.

Auf der Suche nach Absatzmärkten für ihre Waren und Dienstleistungen müssen sich Österreichs Unternehmen künftig also noch stärker als bislang auf ausländische Konsumentenmärkte fokussieren – und ihren Blick weit über den europäischen Horizont hinaus richten. Denn bislang exportiert Österreichs Wirtschaft fast drei Viertel (72,2 Prozent) ihrer Waren und Dienstleistungen in den EU-Raum, in die neuen Boomregionen Asiens dagegen nur kümmerliche 6,9 Prozent und nach Lateinamerika sogar nur minimale 1,1 Prozent. Dabei wuchsen die BRIC+2-Länder Brasilien, Russland, Indien, China, Südkorea und Mexiko in den Jahren 2005 bis 2007 mit durchschnittlich 6,7 Prozent mehr als drei Mal so schnell wie die alten G6-Länder (USA, Großbritannien, Japan, Italien, Frankreich und Deutschland, 2,1 Prozent). Typische Länderrivalen Österreichs wie Dänemark, Finnland oder Belgien, die hinsichtlich Größe, Sozial- und Wirtschaftsstruktur mit unserem Land vergleichbar sind, wuchsen währenddessen immerhin um durchschnittlich 3,4 Prozent – und damit spürbar schneller als Österreich (3 Prozent). Kein Wunder – unsere Wettbewerber sind deutlich stärker globalisiert: Im Jahr 2007 erzielten sie nicht nur mit fast 70 Prozent einen erheblich größeren Teil ihres einheimischen BIP jenseits der Landesgrenzen – Belgien (92 Prozent) oder Irland (81 Prozent) setzen auch erheblich größere Anteile ihrer Waren und Dienstleistungen in den stürmisch wachsenden Konsumentenmärkten der neuen Boomregionen ab.

Wie Österreichs Unternehmen um neue Konsumentenmärkte rivalisieren

Während die Märkte in den alten Industrieregionen weithin gesättigt sind, warten in den neuen Boomregionen Hunderte Millionen Menschen mit rapide wachsender Kaufkraft darauf, als Kunden erobert zu werden. Bei diesem Wettkampf haben gerade Unternehmen aus dem Hochtechnologieland Österreich einiges zu bieten. Denn ein großer Teil der sozialen Aufsteiger in China oder Indien, Russland oder Brasilien träumt seit langem davon, die Premiumprodukte westlicher Marken kaufen zu können.

Seit den 1990er-Jahren haben viele österreichische Unternehmen bereits mit den neuen Konsumentenmärkten in Mittel- und Osteuropa – überwiegend positive – Erfahrungen gesammelt. Andere sind auf dem Weg in die multipolare Welt schon etliche Schritte weiter vorangekommen und haben auch in den aufstrebenden Märkten Asiens oder Lateinamerikas, in der Golfregion oder in Australien Fuß gefasst. Durch welche Strategien konnten und können sie die Konsumenten in den neuen Wachstumsregionen mit ihren teilweise deutlich anderen Bedürfnissen und Erwartungen gewinnen?

Umgekehrt hat auch die Reichweite vieler Unternehmen aus den Schwellenländern im Verlauf der letzten zehn Jahre beträchtlich zugenommen. Mit ihren eigenen, meist deutlich preisgünstigeren Produkten konkurrieren sie zunehmend auch mit westlichen Unternehmen in deren eigenen Heimmärkten. Wie haben sich Österreichs Unternehmen auf diese Herausforderung eingestellt?

Agrana – Wie sich der regionale Zuckerproduzent zum globalen Fruchtprodukte-Anbieter wandelt

Die Agrana-Gruppe mit Stammsitz in Wien erzielte im Geschäftsjahr 2006/2007 einen Umsatz von 1,92 Milliarden Euro – gegenüber dem Vorjahr (1,5 Milliarden Euro) eine Steigerung um nahezu ein Drittel. Das Unternehmen, das 2006/2007 gut 8300 Mitarbeiter beschäftigte, ist eine Beteiligungs-AG und zu je 37,75 Prozent im Besitz genossenschaftlicher österreichischer Eigentümer sowie der deutschen Südzucker AG Mannheim/Ochsenfurt. Die restlichen 24,5 Prozent sind Streubesitz. Zucker und Stärke bildeten das traditionelle Kerngeschäft von Agrana, bis die Reform der EU-Zuckerverordnung das Unternehmen zu einer grundlegenden Neuausrichtung zwang.

Die Chancen durch die Öffnung der mittel- und osteuropäischen Märkte hatte Agrana zuvor erfolgreich genutzt: Seit Mitte der 1990er-Jahre stieg das Unternehmen zum zentraleuropäischen Marktführer bei Zucker und Stärke auf. Agrana-Zuckerprodukte werden in Österreich, Tschechien und Ungarn, in der Slowakei und Rumänien hergestellt und vermarktet; seit 2006 auch in Brasilien, seit Ende 2007 überdies in Bosnien-Herzegowina. Die qualitativ hochwertigen Erzeugnisse werden mit länderspefizischen Labels vermarktet – beispielsweise „Wiener Zucker" für österreichische Kunden oder „Koronás Cukor" für ungarische Konsumenten. Auch durch ihr nostalgisches Verpackungsdesign heben sich Agrana-Produkte vom Wettbewerb ab.

Im Bereich Stärke, ihrem zweiten Kerngeschäft, ist die Agrana-Gruppe infolge der EU-Erweiterung ebenfalls nach Mittel- und Osteuropa expandiert. Das Unternehmen betreibt Maisstärke- und Kartoffelstärkefabriken in Österreich, Ungarn und Rumänien. Dort produziert Agrana Spezialstärken für die weiterverarbeitende Industrie und hat sich überdies erfolgreich auf Bio-Stärken spezialisiert.

Bittere Medizin für den EU-Zuckermarkt

Der EU-Agrarmarkt ist in hohem Maß durch Vorgaben der Brüsseler Administration geprägt. Das bekam Agrana vor allem im Zuckerbereich zu spüren: Mit der Reform der EU-Zuckermarktordnung vom November 2005 beschloss die Europäische Kommission, die bislang künstlich hoch gehaltenen Preise im EU-Zuckermarkt ab 2009/2010 auf Weltmarktniveau zu senken – die Folge war ein Preissturz um dramatische 36 Prozent. Auch wenn der Preis für den Zuckerrohstoff Rüben gleichfalls stufenweise um gut 39 Prozent fiel, wurden die Margen im traditionellen Kerngeschäft des Unternehmens durch die Brüsseler Vorgaben existenzbedrohend gedrückt.

Agrana reagierte mit drastischen Kostensenkungen, um gegen die Wettbewerber aus Billiglohnländern wie der Agrargroßmacht Brasilien konkurrenzfähig zu bleiben. Die Zuckerfabriken Hohenau in Österreich und Rimavská Sobota in der Slowakischen Republik wurden geschlossen; mehr als 250 Mitarbeiter mussten gehen. Durch diese und weitere Rationalisierungsmaßnahmen konnte Agrana seine Marktanteile in Zentraleuropa gegen die Herausforderer aus Brasilien behaupten. Doch seither war klar: Im Bereich Zucker konnte das Unternehmen in Europa und weltweit nicht mehr weiter wachsen.

Noch im Geschäftsjahr 2004/2005 erzielte Agrana 67 Prozent seiner Umsatzerlöse und seines operativen Ergebnisses in der Zuckersparte. Aber das Top-Management hatte die dunklen Wolken über dem EU-Zuckermarkt rechtzeitig geortet und die Weichen für eine tief greifende Transformation gestellt – lange bevor Umsatz und Gewinn im Zuckerbereich einbrachen.

Bio-Fruchtprodukte für die neuen Boomregionen

Bereits 2004 begann die Konzernleitung mit dem Vorstandsvorsitzenden Dipl-Ing. Johann Marihart an der Spitze, ein komplett neues Standbein für das Unternehmen aufzubauen, bestehend aus den Geschäftsfeldern Fruchtzubereitung und Fruchtsaftkonzentrate. Hierfür akquirierten sie die weltweit agierende französische Unternehmensgruppe Atys, die belgische Dirafrost und die Deutsch-Schweizerische Früchteverarbeitung GmbH (DSF), außerdem die Firmen Steirerobst in Österreich, Vallø Saft in Dänemark und das deutsche Unternehmen Wink. So entstand der neue Konzernbereich „Frucht", der 2006 in den Gesellschaften „Agrana Fruit" und „Agrana Juice" zusammengefasst wurde: Fruchtsaftkonzentrate für die Getränkeindustrie und Fruchtzubereitungen für Molkereien, Backwaren- und Eiscreme-Industrie.

Heute fertigt Agrana Fruchtprodukte an 37 Produktionsstätten in 21 Ländern rund um den Globus. Durch den Aufbau seiner Fruchtdivision ist das Unternehmen binnen kürzester Frist von einem zentraleuropäischen Regionalmarktführer zum Global Player aufgestiegen: Agrana ist Weltmarktführer bei Fruchtzubereitungen (für Joghurts u.a.) und gehört zu den globalen Top-Akteuren im Bereich Fruchtsaftkonzentrate. Mit seiner Fruchtsparte liegt das Unternehmen auch in Europa deutlich vor seinem schärfsten Konkurrenten, dem deutschen Zentis-Konzern, der zuletzt auf einen Umsatz von 600 Millionen Euro kam (Stand 2007).

Fertigungsstätten rund um dem Globus – für Konsumenten aus aller Welt

„Die Rohstoffpreise", erklärte Unternehmenschef Marihart im März 2008, „haben sich innerhalb eines Jahres verdoppelt" – und zwar weltweit. „Der Rohstoff ist die größte Herausforderung." Um zu jeder Jahreszeit und zu wettbewerbsfähigen Kosten sämtliche Fruchtarten produzieren und verarbeiten zu können, hat Agrana seine Fertigungsstätten auf alle Kontinente verteilt. In China hat Marihart im Jahr 2008 bereits das zweite Joint Venture gestartet: Zusammen mit dem chinesischen Partner Yantai North Andre (YNA) will Agrana im Reich der Mitte chinesisches Apfelsaftkonzentrat produzieren. Auch in Brasilien betreibt das Unternehmen seit 2007 ein Fruchtzubereitungswerk. Weitere Produktionsstätten wurden in Mexiko, Argentinien und Südkorea eröffnet. Die wachsende Mittelschicht in den Schwellenländern achtet bei der Ernährung zunehmend auf gesunde Kost und treibt die Nachfrage nach hochwertigen Fruchtprodukten weiter nach oben.

Der Anteil der Fruchtsparte an den Umsatzerlösen des Unternehmens, der noch 2004/2005 lediglich 13 Prozent ausmachte, wuchs bis 2006/2007 auf nahezu das Vierfache (48 Prozent). Zum Unternehmensergebnis trug die Division „Frucht" beachtliche 42 Prozent bei. Obwohl die Anteile von Zucker und Stärke zur gleichen Zeit stark zurückgingen (von 67 auf 41 Prozent beziehungsweise von 20 auf 11 Prozent), konnte Agrana seinen Umsatz nahezu verdoppeln – auf 1,9 Milliarden Euro. Die Zahl der Mitarbeiter stieg seit 2004/2005 von knapp 5000 auf über 8200 Beschäftigte (Stand 2007).

Innovative Produkte für regionale Nahrungstrends

Um seine Position als Weltmarktführer bei den Fruchtzubereitungen zu behaupten und bei den Fruchtsaftkonzentraten weiter Boden gutzumachen, investiert Agrana verstärkt in Forschung und Entwicklung: In Gleisdorf, dem Stammsitz der Unternehmenstochter Steirerobst, wurde bereits 2005 ein Kompetenzzentrum für die Division „Frucht" gegründet. Ende 2007 hat Agrana überdies in Cleveland, Ohio, ein Innovations- und Produktentwicklungszentrum eröffnet. Dort sollen künftig Produkte speziell für den nordamerikanischen Markt entwickelt werden, wo Diättrends und Nahrungsergänzungs-Moden eine deutlich stärkere Rolle spielen als in anderen Weltregionen.

In den F&E-Zentren des Unternehmens arbeiten multinationale Teams, die speziell dafür geschult worden sind, neue Ernährungstrends in den verschiedenen regionalen Märkten rechtzeitig zu orten und ihre Produkte den neuen Kundenbedürfnissen anzupassen.

Die Einbrüche in seinem Stammgeschäft hat das Unternehmen durch den Aufbau der Fruchtsparte und die zielstrebige Transformation zum Global Player also mehr als wettgemacht. Von einem regionalen Marktführer im Bereich Zucker hat sich Agrana binnen weniger Jahre zum multipolaren Top-Akteur im weit lukrativeren Geschäft mit Premium-Fruchtprodukten gewandelt.

Zumtobel – Wie der europäische Marktführer für Beleuchtungssysteme mit individuellen Lichtlösungen wächst

Die Zumtobel-Gruppe mit Sitz in Dornbirn, Vorarlberg, ist europäischer Marktführer für professionelle Beleuchtungssysteme und sieht sich selbst als globalen Top-Player bei Betriebsgeräten und Lichtsteuerung. Der Konzern gliedert sich in vier Divisionen. Die beiden wichtigsten sind die Zumtobel Lightning Division mit den Marken Zumtobel, Reiss und der britischen Tochter Thorn sowie die Zumtobel Components Division mit der Marke TridonicAtco, die vom aktuellen Leuchtdioden-Boom profitiert.

Mit Produktionsstätten in Europa und Nordamerika, Asien und Australien sowie Vertriebsgesellschaften und -partnern in mehr als 70 Ländern ist der Konzern global aufgestellt. Über 80 Prozent des Gruppenumsatzes wurden im Geschäftsjahr 2007/2008 allerdings noch in Europa erzielt. Von den gut 7700 Mitarbeitern sind fast 5800 in europäischen Niederlassungen beschäftigt, in Asien etwa 1100.

Die derzeitige Finanz- und Wirtschaftskrise lässt auch bei Zumtobel die Bremslichter aufleuchten. Gerade die Märkte in Süd- und Osteuropa sowie in Großbritannien, wo das Unternehmen stark engagiert ist, leiden unter massiven Konjunktureinbrüchen und teilweise drastischer Abwertung ihrer Währungen gegenüber dem Euro. Großbritannien ist für Zumtobel nach wie vor der größte Markt. Die britische Unternehmenstochter Thorn ist erst Anfang 2008 in ein neues Areal im englischen Spennymoor umgezogen. In einer „Thorn Academy of Light" will Zumtobel Mitarbeiter und Kunden schulen. Doch in Großbritannien ist der Boom ebenso wie in Osteuropa erst einmal vorbei.

Nach stürmischem Umsatz- und Ergebniswachstum in den Vorjahren legte der Umsatz des Unternehmens 2007/2008 gegenüber dem Vorjahr um moderate 3,9 Prozent auf 1,28 Milliarden Euro zu. Zumtobel strebt mittelfristig einen Umsatz von 1,5 Milliarden Euro an – damit das Unternehmen weiterhin deutlich wachsen kann, muss es sich jedoch noch stärker auf die neuen Boomregionen ausrichten.

Fokus auf Innovationen

Erfolgversprechende Schritte auf dem Weg zu globaler Marktdurchdringung hat der Vorstand mit seinem Vorsitzenden Dr. Andreas Ludwig in den letzten Jahren bereits eingeleitet. „In den Märkten der Triade ist nicht mehr so ein großes Wachstum zu erwarten“, führt Konzernchef Ludwig im Gespräch aus. „Wir haben daher unsere Wachstumsmärkte definiert: Die heißen China, Indien und Osteuropa. Dort wollen wir wachsen, mit der Einschränkung, dass die momentane Wirtschaftskrise auch dort Spuren hinterlässt.“

Zugleich hat das Unternehmen seine Investitionen in Forschung und Entwicklung spürbar erhöht: 411 Mitarbeiter arbeiteten 2007/2008 in Konzernlaboren an innovationsträchtigen Projekten (Vorjahr: 364). Die Ausgaben für F&E stiegen von 36,3 auf 41,1 Millionen Euro beziehungsweise auf 3,2 Prozent (Vorjahr: 2,9 Prozent) vom Umsatz.

Die Unternehmensgruppe hat sich zum Ziel gesetzt, „mindestens ein Drittel ihres Gesamtumsatzes mit Produkten zu erwirtschaften, die nicht älter als drei Jahre sind“. Auf diese Weise will Zumtobel weltweit einen Platz unter den Top 3 in allen seinen Kernmärkten erreichen, wie es in der Selbstdarstellung des Unternehmens heißt. Zumtobel sieht seine Zukunft nicht im Massenmarkt, sondern im Projektgeschäft – von Bankgebäuden über Krankenhäuser bis hin zu Museen und religiösen Bauten. „Mit unserem Geschäftsmodell“, führt Ludwig aus, „verkaufen wir Lösungen und nicht Produkte. Indem wir mit Architekten und Lichtplanern intensiv zusammenarbeiten, können wir im Projektgeschäft optimale technische Lösungen anbieten – etwas avantgardistischer bei Zumtobel oder vor allem technisch gut bei Thorn – und unsere Produkte auch im Preiswettbewerb verteidigen. In den letzten vier Jahren hat sich unsere Preisqualität sogar noch verbessert: Wir differenzieren uns von Billiganbietern durch den Direktverkauf in Projekte. Durch diesen aufwendigen Vertriebszugang schaffen wir auch Eintrittsbarrieren für eventuelle neue Wettbewerber."

Mit Schauräumen und Beratungszentren in europäischen Metropolen präsentiert sich das Unternehmen als kompetenter Partner für Stadtplaner und Architekten. „Unser Innovationsprozess", erklärt Ludwig, „geht in zwei Richtungen. Bei der applikations- oder kundenorientierten Entwicklung arbeiten wir beim Design zum Beispiel mit Schlüsselkunden, Architekten oder Lichtplanern zusammen, um zu erfahren, welche neuen Probleme sie haben." Bei dem zweiten Prozess geht es um die praktische Umsetzung von Forschungsergebnissen, beispielsweise um die Entwicklung von LED-Modulen.

Die Forschung und Entwicklung des Unternehmens ist generell dezentral organisiert, damit man maßgeschneiderte Lösungen für lokale Besonderheiten entwickeln kann. „In England sind die Standards anders als in den USA oder in Schweden", sagt Konzernchef Ludwig. „Die Herausforderung besteht darin, durch Skaleneffekte Entwicklungskosten über ein möglichst großes Produktvolumen zu verteilen. Die Kunst oder das Erfolgsgeheimnis liegt also darin, zwar zentrale Technologien oder Plattformen zu entwickeln, dann aber regionale Variationen des Produkts herzustellen."

Nach diesem Konzept werden Produkte der britischen Konzerntochter Thorn an lokale Märkte und Kundenbedürfnisse angepasst. „Diese Produkte schauen beispielsweise in England sehr ‚englisch' aus, in Frankreich ‚französisch' und in Hongkong sehr ‚chinesisch'", erläutert Vorstandschef Ludwig. Dagegen bietet die Premiummarke Zumtobel „Produkte mit starker Designsprache", die weltweit gleich aussehen. Mit dieser Produktlinie passt man sich also nicht den lokalen Gegebenheiten an, sondern spricht in jedem Markt gezielt eine genau definierte Zielgruppe an.

Auch im stark wachsenden LED-Markt ist Zumtobel gut positioniert: Der Umsatz mit LED-basierten Produkten und Lösungen schnellte im Geschäftsjahr 2007/2008 um 80 Prozent empor. Mit gerade einmal 37,1 Millionen Euro trug dieses junge Segment allerdings weniger als 3 Prozent zum Gesamtumsatz bei. Aber das Wachstumspotenzial ist immens.

Umsteuern bei den Wachstumsmärkten

Als Marktregionen, in denen die Gruppe künftig ihre Präsenz verstärken will, nannte Zumtobel-Chef Ludwig noch Mitte 2008 Osteuropa und Asien. Wenig erstaunlich, denn im ersten Quartal 2008 legten die Unternehmensumsätze in Osteuropa nochmals um gewaltige 31 Prozent zu. Zwischen Ljubljana und Kiew, wo Zumtobel noch 2007/2008 sein stärkstes Wachstum verzeichnete (+ 11,5 Prozent), ist der Boom allerdings auf Jahre hinaus vorbei. Dennoch glaubt man bei Zumtobel auch in Osteuropa mittel- bis langfristig wieder an Expansionschancen.

Im dynamisch wachsenden Süden des amerikanischen Doppelkontinents ist Zumtobel bislang nicht präsent. „Wir haben bewusst Lateinamerika ausgeklammert aufgrund der dortigen Wettbewerbssituation und da wir uns fokussieren wollen", erklärt Vorstandschef Ludwig. „Südamerika ist unter anderem die Spielwiese der amerikanischen Mitbewerber, die wir dafür in Europa nicht antreffen."

Doch Zumtobel-Chef Ludwig hat erkannt, dass das Unternehmen seine Präsenz in den neuen Boomregionen verstärken muss, um auch künftig wachsen zu können. Als Nächstes hat man daher den Nahen Osten ins Visier genommen, bis zum Ausbruch der Krise – und wohl auch danach wieder – das jüngste Eldorado der Architekten, Stadtplaner und Bauindustrie. Wo die Ölscheichs ganze Städte aus der Wüste stampfen lassen, gigantische Shopping Malls ordern und vor ihren Küsten Luxussiedlungen auf künstlichen Inseln errichten, besteht zweifellos auch an innovativen Lichtlösungen erhöhter Bedarf. „Es ist unser Ziel, in dieser Region mittelfristig einen Umsatz im Bereich von 50 Millionen Euro zu erreichen", erklärte Ludwig im November 2008 und gab zugleich bekannt, dass die Zumtobel-Tochter Thorn im Jemen soeben einen außergewöhnlichen Auftrag abgewickelt habe: eine Lichtlösung für die Moschee Al Saleh, den Stolz der jemenitischen Muslime.

Klare Wachstumsperspektiven bieten sich zudem in China, doch nicht nur dort: „Wir werden ein Fine-Tuning vornehmen, indem wir uns stärker auf China und Indien konzentrieren und in Südostasien fokussierter vorgehen", kündigte Ludwig in einem Interview Anfang 2007 an. Doch die Kurskorrektur in Richtung multipolare Welt dürfte nun weit schneller erfolgen und deutlicher ausfallen als damals geplant.

Wienerberger – Wie sich der Baustoffriese seinen Weg nach Asien bahnt

Die Ziegelfabrik Wienerberger wurde 1819 in Wien gegründet und ist bereits seit 1869 an der Wiener Börse notiert. Doch erst in den 1980er-Jahren begann sich das Traditionsunternehmen vom regionalen Ziegelproduzenten zum internationalen Top-Player zu wandeln. Heute ist die Wienerberger AG der weltgrößte Ziegelhersteller: die globale Nummer eins bei Hintermauerziegeln sowie bei Vormauerziegeln Spitzenreiter in Europa und Co-Leader in den USA. Das Unternehmen betrieb (Stand 2007) 260 Werke in 26 Ländern und beschäftigt rund 14.800 Mitarbeiter, die einen Umsatz von ca. 2,5 Milliarden Euro erwirtschafteten – ein Plus von 11 Prozent gegenüber 2006.

Seinen Aufstieg zu einem der führenden Unternehmen im globalen Baustoffmarkt startete Wienerberger mit einer sehr frühen Expansion nach Mittel- und Osteuropa: Bereits zu Beginn der 1990er-Jahre, unmittelbar nach Öffnung der neuen Märkte im Osten, investierte das Unternehmen in Produktionsstätten in Ungarn und Kroatien. 1997 führte Wienerberger überdies Value Management ein und konzentrierte sich fortan auf hochwertige Baustoffe.

Wachstum durch Akquisition und Innovation

Das Unternehmen wächst seit den Achtzigerjahren vor allem durch eine erfolgreiche Akquisitionspolitik und strategische Allianzen. Aufgrund langjähriger Erfahrung mit dem Erwerb von Unternehmen kann Wienerberger Übernahmekandidaten schnell und sicher bewerten, Risiken einschätzen und den einverleibten Betrieb rasch und reibungslos in die Konzernstruktur integrieren.

Erste Erfahrungen mit Auslandsmärkten sammelte das Unternehmen in den 1980er-Jahren in Deutschland, erklärt Vorstandsvorsitzender Dr. Wolfgang Reithofer im Gespräch. „Es war ein Risiko. Aber die generelle Überlegung von Wienerberger war: Zuerst zu den Nachbarn. Wenn das funktioniert, kommt die nächste Runde dran. Also eine Entwicklung in konzentrischen Kreisen."

Als das Unternehmen auf dem deutschen Markt „Licht am Ende des Tunnels" sah, nahm man den östlichen Nachbarn ins Visier. „Gehen wir nach Ungarn", beschloss das Top-Management, „und schauen wir, ob wir dort Fuß fassen können." Und nachdem Wienerberger auch dort Marktanteile erobern konnte, entschied die Unternehmensführung, einen weiteren Schritt zu wagen. „Frankreich war eine besondere Herausforderung", erklärt Reithofer. „Da ist man das erste Mal auf wirkliche kulturelle Unterschiede gestoßen."

Es folgten weitere Akquisitionen, als Nächstes in den USA, und mit jeder Unternehmensübernahme und jedem Markteintritt lernte Wienerberger dazu. Trotz seines rapiden Wachstums ist das Gesamtunternehmen bis heute in hohem Maß dezentral organisiert. Das gilt vor allem für die unternehmenseigene F&E: Sie wird vom Stammsitz aus zentral gesteuert, doch die lokalen Entwicklungseinheiten in den USA oder in Osteuropa können sich an den örtlichen Märkten orientieren, von regionalen Netzwerken profitieren und die Produkte den jeweiligen Kundenbedürfnissen anpassen.

Neben lokalen Produktmarken akquirierter Unternehmen vermarktet Wienerberger seine Produktpalette unter drei international einheitlichen Markennamen: „Porotherm" heißen die Ziegelwand- und Ziegeldeckensysteme, „Terca" die Sichtziegel und „Koramic" die Tondachziegel des Konzerns. Die Marken gelten in der Bauwirtschaft weltweit als Synonyme für Premiumqualität.

Neben der erfolgreichen Expansion nach Osteuropa gelang dem Unternehmen auch der Sprung nach Großbritannien und in die USA. Der lang anhaltende Bauboom in den angloamerikanischen Ländern trug beträchtlich zum Umsatz- und Gewinnwachstum des Unternehmens bei.

Breit aufgestellt – aber noch nicht global genug

Als mit der Subprime-Krise 2007 das US-Geschäft einbrach, glaubte sich der Ziegelriese aus Wien gegen konjunkturelle Unwetter gut gewappnet: Osteuropa und Großbritannien boomten unvermindert und auch in wichtigen mitteleuropäischen Märkten wie Deutschland verzeichnete die Bauwirtschaft nach harten Jahren wieder moderate Zuwächse. Doch dann griff die Finanzkrise auf Großbritannien und Kontinentaleuropa über, brachte Banken zu Fall, Immobilien-Blasen zum Platzen und wuchs sich zur schwersten westlichen Wirtschaftskrise seit einem halben Jahrhundert aus. Und da zeigte sich, dass Wienerberger zwar breit, aber bislang nicht global genug aufgestellt ist: Die heute 246 Niederlassungen (Stand März 2009) des Unternehmens befinden sich allesamt in europäischen und nordamerikanischen Ländern, die 2008 vom Konjunkturpfad abkamen. In den Schwellenländern aber mit ihren dynamischen Märkten, die sich nach allen Prognosen weit schneller als die Triade von der Krise erholen werden, ist der Wiener Baustoffgigant bislang kaum präsent. „Das erste Werk in Indien wird in Kürze in Betrieb gehen", erklärte Vorstandsvorsitzender Reithofer Anfang 2009. Dabei ist der Baubedarf in China, Indien, Brasilien, Chile, Saudi-Arabien oder den Vereinigten Arabischen Emiraten nach wie vor riesig. Auch wenn die Kräne und Bagger derzeit vielerorts stillstehen, werden in diesen Regionen mittel- bis langfristig noch ganze Städte für Millionen von Mittelschichts-Aufsteigern und gut betuchten Touristen errichtet werden.

Zukunftsmarkt Russland

Mehr als 50 Prozent seines Vorsteuerergebnisses erzielte Wienerberger 2007 auf den osteuropäischen Märkten. Doch die „Cashcow Osteuropa", von der das „Wirtschaftsblatt" noch im März 2008 schwärmte, liegt waidwund am Boden. Und der „Jolly Joker" USA, auf den Unternehmenschef Wolfgang Reithofer da noch setzen wollte, hat als Hoffnungsträger der Baustoffindustrie bis auf Weiteres ebenfalls ausgedient.

Glücklicherweise hat Wienerberger zumindest seine Expansion in den riesigen und weithin ungesättigten russischen Markt bereits eingeleitet: Im Gegensatz zu den meisten anderen ehemaligen Ostblockstaaten hat die einstige Zentralmacht den Boom der letzten Jahre nicht durch Schulden erkauft – im Gegenteil: Dank unermesslicher Energiereserven hat der Kreml mehr als eine halbe Billion Euro an Devisen angehäuft, von denen seit Anfang des Jahrhunderts alljährlich Milliardenbeträge in den staatlichen Wohnungsbau flossen. Der Bauboom in Russland wird also zu einem guten Teil durch Staatsinvestitionen getragen, und auch wenn Russland derzeit mit abstürzenden Gaspreisen und dramatischer Rubel-Entwertung zu kämpfen hat, wird sich der Energiegigant als einer der Ersten weltweit von der Flaute erholen.

Zur Stützung der Binnenkonjunktur und um des sozialen Friedens willen werden die Kreml-Herrscher auch in Krisenzeiten namhafte Beträge in den staatlichen Wohnungsbau investieren – gut für Wienerberger, denn die russische Ziegelindustrie ist von marktfähiger Qualität noch weit entfernt. Das mutige Engagement im Reich des Gaszaren Putin dürfte sich demnach als segensreiche Unternehmensentscheidung erweisen: Nicht weniger als acht Werke wollen die Wiener Ziegelspezialisten bis 2012 in Russland eröffnen – zu Investitionskosten von stolzen 300 Millionen Euro. Eine Milliarde Ziegel jährlich will Vorstandsvorsitzender Reithofer dann in seinen russischen Fabriken produzieren (Stand 2008).

Red Bull – Nur der Weltmarkt ist genug

Als Marketingleiter des Blendax-Konzerns kam Dietrich Mateschitz Anfang der 1980er-Jahre viel in der Welt herum. Nebenher hielt er nach vielversprechenden Innovationen Ausschau, mit denen er sich selbstständig machen könnte. In Japan fiel ihm ein Getränk namens Lipovitan auf, welches das Pharmaunternehmen Taisho Pharmaceutical produzierte und mit großem Erfolg vertrieb. Die „belebende" Wirkung des Softdrinks führte der Hersteller auf den Inhaltsstoff Taurin zurück – eine Aminosäure, die ursprünglich aus der Galle kastrierter Stiere (lat.: Taurus) gewonnen wurde, heute jedoch synthetisch produziert wird. Kurz darauf stieß Mateschitz in Thailand auf eine weitere lokale Drink-Kreation, die Taurin enthielt und als Geheimtipp einheimischer Truckfahrer galt: Wer genügend „Krating Daeng" (dt.: Roter Stier) intus hatte, konnte sich angeblich Tag und Nacht hinter dem Steuer wach halten.

Die Idee eines „Energydrinks" elektrisierte Mateschitz. Unverzüglich nahm er mit der thailändischen Familie Yoovidhya Kontakt auf, welche die Rechte an dem süßlich schmeckenden Wachmacher besitzt. Er erwarb die Lizenz zum Vertrieb von „Krating Daeng" außerhalb Thailands und Chinas. 1984 kündigte er seinen gut dotierten Job bei Blendax und gründete die Red Bull GmbH, ein Joint Venture mit der Familie Yoovidhya, in Fuschl am See. Ursprünglich hatte er Deutschland als Firmensitz vorgesehen, doch die deutsche Bürokratie nahm Anstoß an dem fremdartigen Gemisch, das Mateschitz' Firma produzieren wollte: Taurin und zwei weitere Inhaltsstoffe – das Kohlehydrat Glucuronolacton und das Vitamin Inosit – waren seinerzeit als Bestandteile von Lebensmitteln in Deutschland noch nicht zugelassen. Also lehnten die Behörden den Antrag ab – und der Österreicher Mateschitz, damals 40 Jahre alt, gründete die Firma stattdessen in seinem Heimatland.

Der „Krating Daeng" bekommt Flügel

Dieser Schritt erwies sich schon bald als segensreich für Österreichs Steuersäckel und für den hiesigen Arbeitsmarkt: Nach dreijährigen Vorbereitungen brachte Mateschitz seinen Energydrink 1987 auf den heimischen Markt. Im ersten Jahr lag der Umsatz noch bei einer bescheidenen Euro-Million, doch nur 20 Jahre später hatte Red Bull bereits die Hürde von 3 Milliarden Euro übersprungen. 3,5 Milliarden Dosen setzte das Unternehmen 2007 in 148 Ländern rund um den Globus ab. 4600 Beschäftigte arbeiten heute allein in Österreich an der Entwicklung, dem Marketing und Vertrieb von Red-Bull-Produkten. Weitere 1300 Mitarbeiter des Vorarlberger Fruchtsaftherstellers Rauch füllen Red Bull in Dosen ab. Der Markenwert von Red Bull betrug 2008 schwindelerregende 12 Milliarden Euro – Platz 12 im Ranking der teuersten europäischen Marken.

Für eine so atemberaubende Weltkarriere des eigenartigen Getränks sprach Mitte der 1980er-Jahre noch wenig. Mateschitz ließ „Krating Daeng" dem europäischen Geschmack anpassen: Kohlensäure wurde hinzugefügt, die Mixtur in schlanke Dosen statt braunen Glasflaschen abgefüllt. Das Ergebnis blieb dennoch gewöhnungsbedürftig.

Aber gerade in der Fremdartigkeit des Getränks erkannte Mateschitz seine große Chance. Red Bull sah anders aus und schmeckte anders als alle Softdrinks auf dem Markt. Auch durch die ihm zugeschriebene Wirkung hob es sich radikal von allen potenziellen Konkurrenzprodukten ab. Dem Marketingspezialisten Mateschitz war sehr wohl bewusst, welche Herausforderung und welche Chance das bedeutete: „Es gibt für Red Bull keinen bestehenden Markt, aber wir werden ihn machen." Wenn es ihm gelang, diesen Markt zu erschaffen, hatte Red Bull zunächst eine Alleinstellung

– der einzige Energydrink weit und breit. Und später, wenn die Nachahmerprodukte auf den Markt kämen, würde sein Energydrink einen kaum mehr aufzuholenden Vorsprung besitzen. Denn dann wäre Red Bull das Original in seiner Klasse – wie Google oder der iPod, Tempo oder der VW Golf.

Wer eine Dose Red Bull leert, spürt durchaus eine belebende Wirkung, aber die hat mit dem geheimnisumwitterten Taurin wenig bis gar nichts zu tun. Red Bull enthält vor allem eine ordentliche Dosis Koffein – und wirkt folglich in etwa so wie eine Tasse starker Mokka.

Geschlagene zwei Jahre lang ließ Dietrich Mateschitz einen befreundeten PR-Fachmann namens Johannes Kastner an einem zündenden Slogan basteln. Dutzende Vorschläge lehnte er ab, dann schließlich erhielt er nachts um zwei einen Anruf des entnervten Werbemannes. „Ich hab's", sagte Kastner, „Red Bull verleiht Flügel." Und Mateschitz wusste sofort, dass es der perfekte Slogan war.

Red Bull hebt ab

Wenig später ließ Mateschitz die Produktion anlaufen. Und Red Bull flog durch die Decke, als ob die Marke nicht nur Flügel, sondern einen Raketenantrieb besäße. Getrieben wurde der Bullen-Boom von Anfang an durch erregte öffentliche Diskussionen um die mysteriöse Wirkung des Gebräus. Die einen warnten vor Gesundheitsrisiken, die anderen schworen auf die enormen leistungssteigernden Effekte, die Red-Bull-Genuss angeblich hervorrief. Von Anfang an war Red Bull ein sehr „männliches" Produkt.

Unternehmenschef Mateschitz schürte den Mythos durch Extremsport-Sponsoring und Comic-Werbung mit betont virilen Bullen und ließ sich ansonsten weder Dementis noch Bestätigungen der Gerüchte entlocken. Doch selbst die Genehmigungsbehörden etlicher Länder, etwa Frankreich oder Dänemark, in denen Red Bull zum Eroberungsflug ansetzte, bescherten Mateschitz immer wieder Gratis-PR durch medienwirksame Einfuhrverbote. „In der Regel freut uns alles, was zum Image der Marke, aber auch zu deren Ambivalenz beiträgt", bedankte er sich noch 2008 in einem Zeitungsinterview bei seinen Widersachern, die seit 20 Jahren eifrig mithelfen, das Image der Marke zu polieren.

„Es gibt nur einen Markt – die Welt"

Der Red-Bull-Gründer hatte von Anfang an nichts Geringeres als den Weltmarkt im Visier. „Österreichische Traditionsbetriebe haben sich schon als Pioniere gefühlt, wenn sie nach Deutschland gegangen sind", sagte er 2004 in einem seiner raren Interviews. Für ihn aber „gibt es nur einen Markt, das ist die Welt. Wir haben vor 15 Jahren ganz ohne Tradition angefangen. Von der Stunde null an haben wir die globale Positionierung gesucht – globale Markenphilosophie, globales Preisgefüge, globale Medienpläne."

Wie erfolgreich die roten Bullen den Weltmarkt eroberten, zeigen diese Zahlen: Fünf Jahre nach der Markteinführung in Österreich kam Red Bull in Ungarn und Slowenien auf den Markt. 1994, zwei Jahre darauf, war der Energydrink auch in Deutschland und der Schweiz erhältlich. 1997 setzte Red Bull zum Flug über die Weltmeere an: Der Energydrink wurde in Südamerika eingeführt, außerdem in Australien und Neuseeland, in Südostasien und im US-Testmarkt Kalifornien. Der Test verlief so positiv, dass Red Bull seit 2002 überall in den USA erhältlich ist. 2004 kam Red Bull auch in Indien auf den Markt, 2006 in Japan. Nach jahrelangen juristischen Scharmützeln darf seit Juli 2008 auch in Frankreich der Energydrink mit Taurin vertrieben werden. Damit ist Red Bull nahezu in jedem Land auf dem Globus erhältlich (in China und Thailand nach wie vor in der Urversion „Krating Daeng").

Die erste Bilanz der Red Bull GmbH wies noch einen bescheidenen Umsatz von rund 1 Million Euro aus. Nur 15 Jahre später, im Jahr 2002, war der Umsatz bereits auf 626 Millionen Euro explodiert. Vier Jahre später hatte sich auch diese Zahl mehr als vervierfacht: 2,6 Milliarden Euro setzte Red Bull 2006 weltweit um – und nur ein Jahr später war es bereits wieder eine halbe Milliarde mehr. 97 Prozent seines Umsatzes erzielte das Unternehmen 2008 jenseits der Landesgrenzen – glatte 40 Prozent oder rund 1 Milliarde Euro allein im US-Markt, wo Red Bull wie überall auf der Welt unangefochtener Marktführer ist: Auf mehr als 80 Prozent aller weltweit gekauften Energydrinks prangte 2008 das Logo des österreichischen Originals.

Penible Marktanalysen und ein Milliarden-Marketingbudget

Das Marketingbudget von Red Bull betrug 2008 gewaltige 1,5 Milliarden Euro. Statt auf herkömmliche Werbung in Massenmedien setzt Mateschitz dabei nach wie vor auf Sport-Sponsoring und landesspezifische Branding-Kampagnen. Neben Extremsportarten fördert Red Bull mittlerweile auch Mainstream-Sport – etwa den Salzburger Fußball-Erstligisten, der sich seit 2006 Red Bull Salzburg nennt.

Bevor er einen neuen Markt aufrollt, lässt Mateschitz in dreijähriger Recherche die lokalen Markttreiber und Konsumgewohnheiten analysieren. Denn der Doseninhalt ist zwar weltweit überall der gleiche, aber die Marketingkonzepte werden jeweils den lokalen Märkten angepasst. So werben etwa in den USA gigantische Trucks mit roten Riesenbullen für den Energydrink aus Arnie Schwarzeneggers alter Heimat. In Großbritannien dagegen setzt Red Bull Flotten von Mini Cooper im Retro-Style ein. Student Brand Ambassadors an regionalen Universitäten spüren zudem aktuelle Trends in der Hauptzielgruppe von Red Bull auf.

Die roten Bullen bekommen Nachwuchs

Ein Megatrend der letzten Jahre ist die Kombination von Bio und Lifestyle: Gesunde Ernährung, lange Zeit nur ein Thema der Aussteiger- und Alternativszene, ist nun auch in den hippen Discos und Clubs der jungen Gutverdiener en vogue. Mateschitz reagierte prompt: 2003 brachte er Red Bull Sugarfree auf den Markt – eine Light-Variante, die lifestyle-affine junge Frauen ansprechen soll.

Mit Red Bull Cola, der jüngsten Kreation aus Fuschl am See, greift der rote Bulle den Softdrink-Riesen Coca-Cola frontal an: Red Bull „simply Cola" besteht aus natürlichen Pflanzenaromen und natürlichem Koffein aus Kaffeebohnen – im Gegensatz zu Pepsi oder Coca-Cola, die Phosphorsäure und chemische Aromastoffe enthalten.

Ebenso wie seinen ursprünglichen Energydrink hat Mateschitz auch Red Bull Cola im Premiumsegment positioniert: Eine Dose kostet mehr als doppelt so viel wie eine Dose Coke. Dennoch hat Red Bull Cola hierzulande aus dem Stand einen Marktanteil von 8 Prozent erreicht – und das soll wiederum erst der Anfang sein: Im ersten Jahr will Mateschitz weltweit 400 Millionen Dosen „simply Cola" absetzen, 2013 schon rund 1 Milliarde. Eine Einführungskampagne für das neue Produkt hält der Unternehmenschef für überflüssig: „Dass es ‚simply Cola' gibt, verbreitet sich in Windeseile", erklärt er, „die Differenzierung steht auf der Dose, alles andere ist gelernt."

Selbstbewusst will Mateschitz mit seiner Bio-Cola den Erzrivalen Coke auch auf dessen Heimatmarkt attackieren. Im Interview mit dem „Wirtschaftsblatt" gab er sich im August 2008 demonstrativ bescheiden: „Unsere Zielsetzungen sind nicht besonders ambitioniert, wir bieten Liebhabern von Cola-Getränken eine Alternative an, in der alle Inhaltsstoffe zu 100 Prozent natürlicher Herkunft sind ... Konsumenten, die das ebenso zu schätzen wissen wie die Marke Red Bull, werden dieses Angebot gern nutzen. Ob sich aus dieser ‚Line-Extension-Strategie' ein Marktanteil von 5, 7 Prozent oder was auch immer ergibt, ist nicht wirklich wichtig, da es in jedem Fall einen durch die Größe des Cola-Marktes beträchtlichen Mehrumsatz für unser Haus bedeutet."

Wie zu Gründerzeiten wird Red Bull noch immer ausschließlich in Österreich produziert, bei dem Vorarlberger Fruchtsafthersteller Rauch. Auch die gewaltigen 40 Prozent vom Gesamtumsatz, die Red Bull mittlerweile in die USA exportiert, werden hierzulande hergestellt – neuerdings allerdings in der Schweiz abgefüllt, was der ohnehin krisengeplagten österreichischen Ausfuhrstatistik 2009 eine deutliche Zusatzdelle bescheren dürfte. Die zunehmende Dollarschwäche gegenüber dem Euro löst in Fuschl am See immer wieder einmal Diskussionen zur „Sinnhaftigkeit einer Lokalproduktion in Amerika“ (Mateschitz) aus, aber bislang hat man sich zu diesem Schritt nicht entschließen können.

Heißt das, dass Dietrich Mateschitz mit Österreich als Unternehmensstandort in der multipolaren Welt rundum zufrieden ist? „Als überzeugter Österreicher kann ich das nicht objektivieren“, pariert er die Frage in einem Zeitungsinterview charmant. „Für mich und uns alle ist das der beste Standort der Welt.“

Österreich im Wettkampf um Innovationen

Den Wettbewerb um die niedrigsten Kosten und Preise können Unternehmen aus rohstoffarmen Hochlohnländern gegen die neuen Champions in Asien und Lateinamerika nicht gewinnen – doch mit ihrer Erfindungs- und Innovationskraft liegt die Triade noch immer deutlich vor den neuen Boomregionen: Die Mehrzahl der innovativen Technologien, Produkte oder Designs kommt nach wie vor aus westlichen Labors, Tüftlerwerkstätten und Kreativzentren. Damit das so bleibt, müssen die USA, Japan und die EU ihre Anstrengungen allerdings erheblich verstärken, denn auch bei den Investitionen in Forschung und Entwicklung, bei der Qualität der akademischen Ausbildung und der Anzahl bestens ausgebildeter Ingenieure und Naturwissenschaftler holen die „Big Six“ – also die BRIC+2-Staaten – rapide auf.

Wie dringend sie auf diesem Gebiet handeln müssen, ist den Europäern seit Langem bewusst: Bereits 1995 hat die Europäische Kommission in ihrem Green Paper of Innovation ausgeführt, dass staatliche Innovationsförderung ein wesentlicher Treiber für Wachstum und Beschäftigung ist. Mit ihrer sogenannten Lissabon-Strategie hat die Europäische Union im Jahr 2000 zudem eine Agenda beschlossen, um die EU bis 2010 zum wettbewerbsfähigsten und dynamischsten wissensbasierten Wirtschaftsraum zu machen. Um dieses ehrgeizige Ziel zu erreichen, setzen die Euro-Strategen vor allem auf Innovationen als Wachstumsmotor und auf Förderung der Wissensgesellschaft. Die Mitgliedsstaaten sollen deshalb ihre Forschungs- und Entwicklungsbudgets auf 3 Prozent des nationalen BIP steigern und ihre Bildungssysteme so durchlässig und effizient ausgestalten, dass erheblich größere Bevölkerungsanteile als bislang Hochschulabschlüsse erreichen. Zudem sollen die Staaten die Vernetzung von Hochschulen, Forschungseinrichtungen und Unternehmen fördern, da solche Cluster ideale Nährböden für neue Ideen und Technologien sind.

In dieser langfristig besonders wichtigen Königsdisziplin des multipolaren Wettbewerbs hat Österreich gute Chancen, vorn mitzuspielen: Im Durchschnitt der Jahre 2004 bis 2006 hat die Republik immerhin bereits 2,4 Prozent des BIP in Forschung und Entwicklung investiert – kaum weniger als Deutschland (2,5 Prozent), deutlich mehr als der Durchschnitt der Wettbewerber (2,1 Prozent) und doppelt so viel wie die BRIC+2-Staaten (1,2 Prozent). 2008 lag die österreichische F&E-Quote bereits bei 2,7 Prozent; davon floss ein großer Teil in Hightech-Industrien wie Elektro/Elektronik (1,03 Milliarden Euro), Maschinenbau (387,5 Millionen Euro), Fahrzeugbau (370,4 Millionen Euro) oder Chemie/Kunststoffe/Glas (251,2 Millionen Euro).

Doch in Labore und Forschungsprojekte investierte Millionenbeträge allein garantieren noch keinen Zuwachs bei der Erfindungs- und Innovationskraft. Die eine bemisst sich an der Zahl und Wertigkeit der Patente, die andere am Markterfolg der neuen Produkte und Dienstleistungen, die aus den Erfindungen entwickelt werden. Trotz aller Fortschritte hat unser Land als Innovationsstandort noch erheblichen Nachholbedarf. So kamen in Österreich auf 100.000 Einwohner im Durchschnitt der Jahre 2004 bis 2006 lediglich 125 Patente – in Ländern vergleichbarer Größe und Struktur dagegen 434, in Deutschland 528 und im Durchschnitt der sechs größten Industrienationen sogar 561 angemeldete Patente. Selbst die BRIC+2-Staaten erreichen mit 167 Patenten einen deutlich höheren Output – trotz im Verhältnis kümmerlicher F&E-Budgets. In Umfragen des Jahres 2008 zeigte sich Österreichs Jugend zwar durchaus an Wissenschaft und Technik interessiert (auf einem Index von 0 bis 10 erreicht unser Land den respektablen Wert 4,7 und liegt damit nur knapp hinter dem Durchschnitt der Wettbewerberländer), doch viel zu wenige dieser technikbegeisterten jungen Österreicher ergreifen dann auch tatsächlich einen Beruf im F&E-Bereich – im statistischen Durchschnitt nur 4,1 von 1000, weit weniger als in den Innovationsmusterländern Schweden und Finnland (beide 6,3). Durch eine tiefgreifende Reform des Bildungssystems – von der Vor- bis zur Hochschulbildung – muss der österreichische Staat seinen Teil dazu beitragen, dass unsere Gesellschaft innovationsfreundlicher wird und sich deutlich mehr junge Österreicher als bisher für die Laufbahn eines Ingenieurs, Informatikers oder Naturwissenschaftlers entscheiden (siehe Kapitel 3).

Im multipolaren Konkurrenzkampf reicht bloßes Kopieren und Adaptieren bei Weitem nicht mehr aus. Gerade typische Wettbewerber Österreichs – etwa Irland oder die skandinavischen Länder – investieren erheblich mehr in die Produktion von Wissen und Wissensanwendung, also in F&E, Bildung, Informations- und Kommunikationstechnologie (IKT) oder Softwareentwicklung. Überdies steigern sie diese Budgets zum Teil deutlich schneller als Österreich, weshalb unser Land trotz vermehrter Anstrengungen im direkten Vergleich mit Finnland oder Schweden sogar immer weiter zurückfällt.

Wie Österreichs Unternehmen um Innovationen wetteifern

Deutlich weiter als der Staat sind hierzulande bereits die Unternehmen auf dem Feld der F&E. In den Innovationssurveys der EU belegen österreichische Betriebe Spitzenplätze: Bei den kleinen und mittelständischen Unternehmen (KMUs) liegt Österreich zusammen mit Deutschland auf Platz 1. Und einzig in den Portfolios deutscher und finnischer Unternehmen ist der Anteil neuer und verbesserter Produkte am Umsatz höher als bei den drittplatzierten Österreichern.

Eine aktuelle Studie zeigt, dass den Top-Managern in Europa ebenso wie in den USA die Bedeutung von Innovationen zwar bewusst ist, die Unternehmen sich aber dennoch zunehmend scheuen, Aufwand und Risiken von Innovationsprojekten zu stemmen. Den Prozess von der Idee bis zur Markteinführung betrachten mehr als 40 Prozent der befragten Unternehmen als zu langwierig, und fast 60 Prozent berichten, dass die Entwicklungsbudgets überschritten würden. 70 Prozent der Unternehmen geben an, dass sie im Jahr 2008 die Entwicklung neuer Produkte und Services teilweise drastisch einschränken mussten, da die Budgets für Innovationsprojekte gekürzt worden seien. Und immerhin 30 Prozent beklagen einen Mangel an Fachpersonal sowohl im F&E-Bereich als auch beim Innovationsmanagement. Kein Wunder, dass sich unter diesen Umständen die Hälfte der befragten Unternehmen lieber auf die Weiterentwicklung bestehender Produkte und Dienstleistungen konzentriert. Dabei zeigen sich die kontinentaleuropäischen Unternehmen deutlich innovationsfreudiger als ihre Wettbewerber in den USA und in Großbritannien. Neue Produkte und Dienstleistungen werden in Deutschland oder Frankreich in durchschnittlich drei Monaten entwickelt – doppelt so schnell wie in den angloamerikanischen Ländern.

Die europäischen Innovations-Champions des Jahres 2008 sind jedoch Österreichs Unternehmen: Ihre innovationsbezogenen Aktivitäten und Resultate (hauptsächlich F&E-Investitionen sowie die Zahl der angemeldeten Patente, Trademarks und Geschmacksmuster) wuchsen um 2,5 Prozent – deutlich stärker als in Deutschland (+ 1,6 Prozent) oder Frankreich (+ 1,5 Prozent). Der Innovations-Output österreichischer Unternehmen nahm um 1,7 Prozent zu, während sich die deutschen Unternehmen mit sehr viel bescheideneren Zuwächsen (+ 0,6 Prozent) begnügen mussten und Frankreichs (– 0,1 Prozent) sowie Großbritanniens (– 4,5 Prozent) Unternehmen sogar leichte beziehungsweise drastische Rückgänge zu beklagen hatten. Österreichs Unternehmen erzielten stattliche 5,8 Prozent mehr Umsatz mit neu entwickelten oder erheblich verbesserten Produkten (Frankreich 0,0 Prozent, Deutschland + 4,8 Prozent, Großbritannien - 12,7 Prozent). Entsprechend nahm auch einzig in Österreichs Hightech-Industrien die Beschäftigtenzahl zu (+ 1,8 Prozent) – in Frankreich (– 0,1 Prozent), Deutschland (– 0,8 Prozent) und Großbritannien (– 3,5 Prozent) gingen zur gleichen Zeit Highlevel-Arbeitsplätze verloren.

Österreichs IKT-, Hightech- und Elektronikunternehmen sind mit den deutschen Wettbewerbern auf Augenhöhe. Einer ganzen Reihe hiesiger Unternehmen – ob Fronius, Rosenbauer, Wienerberger oder Zumtobel – ist es gelungen, sich als Weltmarktführer in Nischenmärkten festzusetzen. Den fortdauernden Mangel an einheimischen Patentanmeldungen machen österreichische Unternehmen seit den 1990er-Jahren zumindest teilweise wett, indem sie auf Patente ausländischer Erfinder zurückgreifen. Unternehmen aus forschungsintensiven Branchen wie IKT oder der pharmazeutischen Industrie vergeben zunehmend F&E-Aufträge ins Ausland – von der Internationalisierung der Forschung und Entwicklung profitieren so letztlich auch österreichische F&E-Standorte. Doch während Österreich als Spätstarter noch an Innovationsclustern bastelt, holen die ehrgeizigen Newcomer mit Riesenschritten auf. Immer öfter haben bereits heute westliche Länder im globalen Wettkampf der F&E-Standorte gegenüber neuen globalen Konkurrenten wie Südkorea oder Singapur das Nachsehen.

Wie gelingt es österreichischen Unternehmen, sich im multipolaren Wettkampf um die besten Erfindungen, die innovativsten Produkte und Dienstleistungen zu behaupten?

Österreich – Land der Innovatoren

In Österreich gibt es nicht nur Großunternehmen, sondern auch eine Vielzahl kleiner und mittlerer Firmen mit hoher Innovationskraft. Exemplarisch werden in diesem Abschnitt einige Firmen vorgestellt, die in jüngster Zeit durch innovative Produkte von sich reden machten.

- Marinomed Biotechnologie GmbH: Das biopharmazeutische Entwicklungsunternehmen ist auf die Entwicklung neuer therapeutischer Wirkstoffe auf der Basis von Meeresnaturstoffen spezialisiert. Zusammen mit einem österreichischen Partnerunternehmen hat Marinomed jetzt „Coldamaris prophylactic" auf den Markt gebracht, ein antivirales Nasenspray, mit dem erstmals die Ursache von Schnupfen bekämpft werden kann. Das Spray enthält den von Marinomed-Forschern entdeckten Wirkstoff MAM-05.101, der weltweit zum Patent angemeldet worden ist.
- g.tec: Das steirische Unternehmen Guger Technologies hat 2008 das „Brain-Computer Interface" auf den Markt gebracht – ein Hightech-Modul, das die Steuerung von Geräten durch Gedankenkraft erlaubt. Mithilfe dieser bahnbrechenden Innovation können bewegungsunfähige Menschen kommunizieren und ihren Rollstuhl steuern.
- HE Ic: Die Hornbachner Energie Innovation Consulting GmbH hat eine neue Solarleuchte für die CO2-neutrale, umwelt- und klimafreundliche Außenbeleuchtung entwickelt. Das Herzstück der innovativen Technologie ist ein rohrförmiges Photovoltaikmodul.

Hocheffiziente Solarzellen sorgen auch bei ungünstiger Witterung und diffusem Tageslicht für ausreichende Beleuchtung.

- FunderMax GmbH: Der Zulieferer für die Möbelindustrie hat ein Verfahren entwickelt, das die vereinfachte Herstellung von Holzspanplatten mit kratzfesten, spiegelnden Oberflächen ermöglicht. Hierfür wurden Laminate mit Spiegelglanzoberflächen auf der Basis von imprägniertem Papier entwickelt, das mit Melaminharz getränkt ist. So können nun spiegelnd beschichte Spanplatten in einem Arbeitsgang hergestellt werden, während die glänzende Oberfläche in herkömmlichen Verfahren nachträglich durch Lackauftrag oder aufwendigere Laminierverfahren hinzugefügt werden muss. Für die Verarbeitung musste das Unternehmen eine eigene Produktionsanlage konzipieren und installieren.
- HighQLaser Production GmbH: Der Spezialist für Laseranwendungen hat ein Lasersystem entwickelt, das mit nie zuvor erreichter Genauigkeit und Zuverlässigkeit arbeitet. Das System ist für den Einsatz bei Augenoperationen und zur Mikrobearbeitung von Stoffen aller Art geeignet.
- Lindner Recyclingtech-GmbH: Der Spezialist für Abfall-Zerkleinerungstechnik entwickelt und produziert innovative Zerkleinerungsmaschinen im eigenen Haus. Die Zerkleinerungsmaschine „power komet“ wurde eigens für das Marktsegment „Energie aus Abfall“ entwickelt. Die Antriebseinheit, die auf Schwungmassen basiert, verbraucht mindestens 20 Prozent weniger Energie als herkömmliche Antriebskonzepte. Auch das neu entwickelte Zerkleinerungssystem arbeitet deutlich ökonomischer als marktübliche Produkte. Insgesamt benötigt der „power komet“ 50 Prozent weniger Energie als vergleichbare Maschinen anderer Anbieter.
- Steyr Motors: Der Automobilzulieferer hat für Busse einen Antrieb entwickelt, der Strom aus Diesel erzeugt. Oberleitungsbusse kön-

nen mithilfe dieses Aggregats auch im reinen dieselelektrischen Betrieb fahren, ohne mit dem Oberleitungssystem verbunden zu sein.

Die Aufzählung ließe sich noch verlängern, aber schon diese Beispiele zeigen: Österreichs Unternehmen sind innovativ und sie sind insbesondere in Hightech-Branchen wie der Pharmaindustrie, im Maschinenbau und der Autoproduktion mit neuartigen oder erheblich verbesserten Produkten höchst erfolgreich.

Schauen wir uns nun drei besonders innovative österreichische Unternehmen noch etwas genauer an.

Novomatic – Wie der Casino-Betreiber und Spielautomaten-Hersteller die globale Nummer 2 der Gaming-Branche wird

Mit einem Markenwert von 1,4 Milliarden Euro zählt Novomatic zu den zehn wertvollsten Marken Österreichs. Der globale Erfolg der nicht börsennotierten Aktiengesellschaft mit Stammsitz im niederösterreichischen Gumpoldskirchen ruht auf zwei Säulen: Das 1980 gegründete Unternehmen betreibt weltweit Glücksspiel- und Sportwettstätten und gehört zugleich zu den modernsten und innovativsten Produzenten von Spielautomaten, Online-Spielsystemen und anderem Glücksspiel-Equipment. „Wir sind nicht nur Dienstleister und betreiben Casinos, sondern auch innovativer Produzent von weltweit nachgefragten Glücksspielprodukten", erklärt Vorstandsvorsitzender Dr. Franz Wohlfahrt im September 2008. „In unserer dualen Struktur sind wir in Europa unangefochten die Nummer eins und weltweit die Nummer zwei." Rund 10.400 Novomatic-Mitarbeiter erwirtschafteten 2007 einen Umsatz von 2,1 Milliarden Euro. Zirka ein Fünftel der Arbeitsplätze befindet sich noch im Inland, doch die Exportquote von Novomatic liegt bei satten 97 Prozent.

Führend ist der Konzern auch bei der Entwicklung innovativer Glücksspieltechnologie. Die Forschungs- und Entwicklungsquote liegt nach Angaben des Unternehmens „weit über dem Branchenschnitt, was aktuell mehr als 800 Schutzrechte wie Marken, Patente und Muster eindrucksvoll beweisen“ (Annual Report 2007). In sieben vernetzten Kompetenzzentren in Großbritannien und Deutschland, Tschechien, Ungarn und Polen, die allesamt mit der F&E-Zentrale in Gumpoldskirchen verbunden sind, werden ständig neue Hightech-Games entwickelt.

Tochtergesellschaften in 19 Ländern vertreiben die Produkte des Unternehmens, die in über 60 Länder exportiert werden – nach Zentral- und Osteuropa ebenso wie nach Asien und Lateinamerika. Harrah‘s Entertainment, der aktuelle US-Weltchampion im Gaming-Sektor, spielt derzeit zwar noch in einer anderen Liga als die Gumpoldskirchener, doch Novomatic soll zumindest auf mittlere Sicht die weltweite Nummer eins werden. „Wer unsere Expansionsgeschwindigkeit kennt“, sagt Franz Wohlfahrt, „weiß, wir arbeiten effizient daran, das zu erreichen.“

Zotter – Schokokunst für Individualisten

Mit seinen Zotter Torten erwarb der gelernte Konditor Josef Zotter bereits in den 1990er-Jahren regionalen Ruhm – doch zur Jahrtausendwende ging seine Konditorei mitsamt vier Filialen pleite. Noch im selben Jahr eröffnete der weltläufige Naschwaren-Künstler, der unter anderem im New Yorker Hotel The Pierre als Konditor gearbeitet hat, die Zotter Schokoladen Manufaktur am elterlichen Hof in Riegersburg. Dort begann er handgeschöpfte Schokoladen zu produzieren und die süßen Kunstwerke wurden bald schon zum Kult – weit über die Steiermark hinaus.

Zotter kreierte ungewöhnliche Schoko-Geschmacksrichtungen wie „Kürbiskerne mit Marzipan“, „Hanf-Mocca“ oder gar „Bergkäse-Walnüsse-Trauben“. Mit seiner „individuellen Schokolade für individuelle Menschen, die bewusst genießen“ (zotter.at), traf der eigensinnige Chocolatier offenbar einen Nerv. 2002 wurde der Betrieb ausgebaut und zusätzlich eine „Running Chocolate Bar“ für Verkostungen eingerichtet. Schokoliebhaber aus dem In- und Ausland strömen seither in Scharen nach Riegersburg, um sich die dunklen Kreationen des „Schoko-Genies" („Wirtschaftsblatt") Josef Zotter auf der Zunge zergehen zu lassen.

Für beachtliche 17 Millionen Euro ließ der Firmenchef das Werksgelände zum Mekka der Kakao-Connaisseure ausbauen: 2007 erweiterte er die Manufaktur zum „SchokoladeWerk"; als einziger europäischer Schokoladenhersteller produziert Zotter seither von der Kakaobohne bis zum Endprodukt seine Schokoladen vollständig selbst. Zugleich wurde auf dem Werksgelände ein „SchokoTheater" eröffnet, das den Besuchern eine Erlebnisreise durch die Welt der Schokolade ermöglicht. Auf 150.000 Gäste pro Jahr nahm der Pilgerstrom daraufhin zu (Stand Anfang 2009).

Auf seiner Unternehmens-Homepage inszeniert sich Josef Zotter als „Geschmacksartist", der den einförmigen Erzeugnissen der Schokolade-Industrie innovative Neuschöpfungen entgegensetzt. Zotter verzichtet vollständig auf herkömmliche Werbung. „Was andere in die Werbung investieren", erklärt der Firmenchef seine Strategie, „investiere ich ins Produkt. Eine Werbelinie zu starten ist ein einfacher Weg, aber ein so gutes Produkt zu machen, dass der Kunde bereit ist, mehr zu zahlen, halte ich für sinnvoller." Für die nötige Aufmerksamkeit sorgen regelmäßig die Medien, die Zotter geschickt für seine Zwecke einzuspannen versteht. „Ich habe nie was gemacht, was gut geht", erklärt er Anfang 2009 im Gespräch, „sondern ich habe neue Dinge erfunden, die teilweise schräg für den Markt waren. Darüber hat dann die Presse berichtet, das haben die Leute gelesen, und daraufhin haben sie bei uns bestellt."

Um drei Euro kostet eine 70-Gramm-Tafel Zotter-Schokolade – ein Mehrfaches der Preise, die Schoko-Giganten wie Milka oder Lindt mit ihren Supermarktprodukten erzielen. Doch immer mehr Menschen in Österreich und anderswo sind bereit, für erstklassige Qualität und innovative Geschmacksdesigns auch einen Premiumpreis zu bezahlen. Das Beispiel Zotter zeigt, dass auch kleine Unternehmen unter den heutigen Wettbewerbsbedingungen erfolgreich sein können, wenn sie innovativ sind und für ihre Produkte und Services eine Marktnische finden – oder kreieren.

Fronius – Wie der Spezialanbieter von Schweißtechnik und Photovoltaik zum globalen Top-Player aufsteigt

Die Fronius International GmbH mit Stammsitz in Wels zählt zu den weltweiten Technologieführern bei energie- und kostensparender Batterie-Ladetechnologie, Schweißtechnik sowie Photovoltaik und Solarelektronik. Das Unternehmen wurde 1945 gegründet und befindet sich seit 1999 im Besitz der Privatstiftung Friedl und Günter Fronius. An fünf Standorten in Österreich, Tschechien und der Ukraine erzielten im Jahr 2007 mehr als 2200 Mitarbeiter einen Umsatz von 299 Millionen Euro – gegenüber dem Vorjahr ein Plus von mehr als 20 Prozent. Dreiviertel aller Arbeitsplätze sind noch immer in Österreich, dabei erwirtschaftete das Unternehmen 2007 bereits über 88 Prozent seiner Umsätze jenseits der Landesgrenzen (2006: 85,5 Prozent).

Wie Ing. Otto Schuster, Global Manager Marketing, Sales & Services bei Fronius, Anfang 2009 im Gespräch ausführt, ist das Unternehmen in den letzten Jahren im Schnitt um 20 bis 30 Prozent pro Jahr gewachsen. Maßgeblich hierfür waren zum einen „gute innovative Produkte, damit man überhaupt am internationalen Markt interessant ist", zum anderen die strukturelle und organisatorische Weiterentwicklung vom „klassischen Exportunternehmen" zu einem Global Player, der „mit mittlerweile zwölf eigenen Tochtergesellschaften in den für uns relevanten Märkten tätig ist".

Fronius besitzt zahlreiche Vertriebszentralen in Europa, Nord- und Südamerika. Erfahrungen mit strategischem Wachstum hat das Unternehmen zunächst in Osteuropa gesammelt. „Das ist für österreichische Unternehmen ein toller Wachstumsmarkt", so Schuster. Die Expansion nach Osten begann mit einem Joint Venture in der Ukraine und einem Produktionsstandort in Tschechien, der 1992 eröffnet wurde und mittlerweile auch Marketing und Vertrieb übernommen hat.

Wachstum durch innovative Produkte

Um seinen technologischen Vorsprung zu sichern und nach Möglichkeit noch auszubauen, investierte das Unternehmen 2007 beachtliche 6,8 Prozent seines Umsatzes in Forschung und Entwicklung. Diese findet nahezu ausschließlich an heimischen Standorten statt, hauptsächlich in Wels Thalheim, wo zirka 350 Mitarbeiter in unternehmenseigenen Laboren an innovationsträchtigen neuen Projekten arbeiten.

Durch Marktforschung identifiziert das Unternehmen die Produkte mit dem größten Kundennutzen. „Die Entwicklung selbst", sagt Schuster, „sei es Hardware oder Software, passiert nach wie vor in Österreich." Langfristig sei aber durchaus vorstellbar, dass das Unternehmen auch F&E-Standorte auf anderen Kontinenten eröffne. Denn Innovation ist für Fronius der wichtigste Schlüssel zum globalen Erfolg: „Durch Innovation sichern wir uns Wettbewerbsvorteile und unterstützen damit unsere Marktposition", betont Schuster. „Fronius behauptet von sich, auf dem Weg zur weltweiten Nummer eins in allen drei Bereichen sein", also bei Schweißtechnik, Photovoltaik und Batterie-Ladetechnik.

Innovationsmanagement ist eine der größten Herausforderungen für Fronius. Das Unternehmen hat daher bereits Ende der 1990er-Jahre einen Standard-Innovationsprozess definiert. Neue Ideen können aus der Firma oder von außerhalb kommen. Als Erstes werden sie von einer Fokusgruppe grundsätzlich begutachtet. Wenn diese das Projekt als innovationsträchtig einstuft, wird im nächsten Schritt ein Lastenheft angelegt, um den Kundennutzen und das wirtschaftliche Potenzial zu definieren. „Das Lastenheft geht dann wieder zurück in die Fokusgruppe und wird neuerlich begutachtet", beschreibt Schuster die weiteren Schritte. „Anschließend muss das Projekt den definierten Innovationsprozess durchlaufen – eine Art Verfahrensanweisung, die alle Meilensteine enthält, sowie ein Markteinführungskonzept."

Für seine innovativen Produkte vor allem im Bereich der Photovoltaik und Solarelektronik wurde Fronius schon mehrfach mit renommierten Preisen ausgezeichnet. So gewann das Unternehmen im November 2008 beim Wettbewerb um den Österreichischen Klimaschutzpreis in der Kategorie „Ideen & Innovation" den ersten Preis. Im Feber 2009 errang das Unternehmen zudem den Internationalen Nachhaltigkeitspreis „Energy Globe Awards" in der Kategorie „Luft". Prämiert wurde die CO_2-freie innerbetriebliche Transportlogistiklösung namens HyLOG: Das Unternehmen hat seine Fahrzeugflotte vollständig auf Brennstoffzellenantrieb umgerüstet und stellt den hierfür benötigten Wasserstoff mit Solarstrom emissionsfrei her.

An ihrem Produktions- und Logistikstandort in Sattledt, der 2007 eröffnet wurde, betreibt Fronius eine der größten Photovoltaik-Anlagen Österreichs. Bis zu 90 Prozent seines dortigen Energiebedarfs deckt das Unternehmen mit dieser Solarstrom-Anlage und vermeidet so den Ausstoß von 318 Tonnen CO_2 pro Jahr.

Grüne Hochtechnologie für das Pandareservat

Seit 2008 ist Fronius Kooperationspartner des World Wildlife Fund (WWF). Zusammen mit der deutschen Allianz-Versicherung und Ikea Österreich gehört das Unternehmen der WWF Climate Group an, die sich für eine Verringerung des CO_2-Ausstoßes einsetzt. Die Mitglieder der Gruppe haben sich verpflichtet, ihre Kohlendioxid-Emissionen bis 2001 um 15 Prozent zu reduzieren – ein Ziel, das Fronius durch die Photovoltaik-Anlage in Sattledt bereits erreicht hat. „Der WWF und Fronius haben ein gemeinsames Ziel", begründet Geschäftsführer Klaus Fronius das ökologische Engagement des Unternehmens. Man wolle „maßgebliche Beiträge dafür leisten, die Welt schön und lebenswert zu erhalten. Unser spezieller Beitrag hier ist Technologietransfer. So treiben wir konkrete technische Entwicklungen zum Umweltschutz voran."

Für den WWF errichtet Fronius in Laos derzeit eine Photovoltaik-Anlage, die das Bürogebäude des lokalen WWF-Teams mit Strom versorgen soll. Die 50 Tierschützer vor Ort, die sich vor allem für den Schutz der Mekong-Elefanten einsetzen, werden künftig ihren Strombedarf komplett mit Sonnenenergie decken. Gleichfalls im Auftrag der Tierschutz-Organisation installierte Fronius 2008 im südchinesischen Gebiet Wanglang die Stromversorgung von Überwachungsgeräten, die dem Schutz der örtlichen Pandabären dienen. „Der WWF hat in China meinungsbildende Funktion", erklärt Fronius-Projektleiter Hannes Heigl. „Photovoltaik ist auch wirtschaftlich eine große Chance für das bevölkerungsreichste Land der Erde – und für den Klimaschutz des Planeten sowieso." Ein Prototyp der Nachtsichtkameras wurde in Österreich designt und getestet, die Geräte selbst wurden dann in China produziert. Schließlich übernahm das Unternehmen auch die Schulung der WWF- und Reservatsmitarbeiter. So erschließt sich Fronius riesige Zukunftsmärkte, festigt seine Position als Technologieführer in der multipolaren Welt und stärkt zugleich sein Image als Anbieter umweltfreundlicher Innovationen.

3. Österreichs Unternehmen brauchen Unterstützung von Staat und Politik

Damit Österreichs Unternehmen und Arbeitnehmer die Herausforderungen des multipolaren Zeitalters meistern können, ist auch der Staat gefordert. In allen fünf Disziplinen, in denen der globale Konkurrenzkampf ausgefochten wird, muss die öffentliche Hand durch gezielte Maßnahmen den Standort Österreich stärken: beim Wettkampf um die besten Arbeitskräfte ebenso wie bei der Konkurrenz um Kapital und Ressourcen, beim Kampf um Konsumenten genauso wie beim Wetteifern um innovationsträchtige Ideen. Schauen wir uns nun die wichtigsten staatlichen Aufgabenfelder genauer an.

Für ein geeintes Europa eintreten

Seit dem Fall des Eisernen Vorhangs hat sich die Welt tiefgreifend verändert. Supranationale Organisationen wie EU, NAFTA und ASEAN und neue wirtschaftliche Schwergewichte wie China, Indien, Brasilien und Russland gewinnen zulasten der nationalen Regierungen und der bisher dominierenden Wirtschaftsmächte mehr und mehr an Einfluss. Nicht mehr die G7, die Länder der alten Triade, sondern die multipolare G20-Runde bildet die heutige Verteilung der globalen Wirtschaftsmacht angemessen ab.

Unser Land muss in internationalen Organisationen wie EU und UNO wichtige Themen strategisch besetzen, um auf der internationalen Bühne mehr Gehör zu finden. Vor allem aber sollte Österreich vehement dafür eintreten, dass die EU-Integration zügig weiter vertieft wird.

Das geeinte Europa braucht endlich eine gemeinsame Verfassung – und eine politische Steuerungsinstanz, die über die erforderliche Kompetenz verfügt, um für ganz Europa zu sprechen. Wenn im EU-Raum weiterhin – wie gerade jetzt wieder in der Krise – die nationalen Egoismen dominieren und sich die Europäer nicht schleunigst auf eine gemeinsame Außen- und Wirtschaftspolitik verständigen, droht Europa zwischen den monolithischen Blöcken USA und China zerrieben zu werden. Die Bankenaufsicht muss dringend europäisiert werden und Europa muss eine gemeinsame Position zur gleichfalls überfälligen Reform der Finanzmarktregulierung finden. Sollte es, wie von der deutschen Bundeskanzlerin Angela Merkel gefordert, zur Einrichtung eines UNO-Wirtschaftsrats kommen, so muss die EU in diesem Gremium ebenso wie im IWF oder bei den G20-Gipfeln geschlossen auftreten und mit einer einzigen Stimme sprechen.

Zudem sollten die EU-Staaten der Schaffung einer gemeinsamen Währung weitere europäische Einigungsprojekte folgen lassen – etwa länderübergreifende Netze für Telekommunikation und Energieversorgung. Die Symbolkraft solcher gemeinsamen Großprojekte wäre zudem geeignet, mehr EU-Bürger als bisher davon zu überzeugen, dass ein wahrhaft geeintes Europa beste Chancen hat, unseren Wohlstand weiterhin zu verteidigen – während europäische Staaten, ob groß oder klein, ihre Einzelinteressen in der multipolaren Welt nicht länger durchzusetzen vermögen.

Bildung und Beruf

In der multipolaren Welt sehen sich die Staaten nicht zuletzt im Bereich der Bildungs- und Arbeitsmarktpolitik mit neuartigen Herausforderungen konfrontiert. Das gilt auch für Österreich: Bei der Förderung von Vorschulkindern, den schulischen und universitären Bildungsangeboten hat unser Land erheblichen Nachholbedarf; ebenso im Bereich der Erwachsenenbildung.

Eine Reform von Schule und Vorschule ist überfällig

Früher als manch anderer hatte der österreichische Staat seine Lektion gelernt: Bereits in den 1960er-Jahren erkannten die Politiker hierzulande, dass Bildung ein unverzichtbarer Wachstumstreiber ist. Vor allem in den 1970er-Jahren wurden die öffentlichen Ausgaben für Bildung massiv erhöht – mit eindrucksvollen Erfolgen: Von 1971 (17 Prozent) bis 2007 (36 Prozent) hat sich die Quote der Erwerbstätigen mit über die Pflichtschule hinausgehender Schulbildung mehr als verdoppelt.

Seit den 1980er-Jahren hat die bildungspolitische Offensive aber an Schwung verloren – mit der Folge, dass in Österreich noch immer deutlich weniger Menschen als in vergleichbaren anderen Ländern akademische Abschlüsse erreichen. 1995 flossen hierzulande noch 6,1 Prozent des BIP in den Bildungssektor (OECD: 5,4 Prozent), zehn Jahre später waren es nur noch 5,5 Prozent – während im OECD-Durchschnitt die Bildungsausgaben im gleichen Zeitraum auf 6,1 Prozent deutlich zunahmen. Zudem stagnierte der Anteil der öffentlichen Bildungsausgaben an den Gesamtausgaben in Österreich zwischen 1995 (10,8 Prozent) und 2005 (10,9 Prozent) – im Durchschnitt der OECD-Länder legte er jedoch von 11,9 Prozent auf 13,2 Prozent zu.

Wie dringlich hierzulande eine Reform des Bildungssystems ist, zeigen einige weitere Zahlen: In den Jahren 2003 bis 2005 schafften in Österreich nur 18 Prozent eines Jahrgangs einen Hochschulabschluss – im G6-Durchschnitt dagegen 29 Prozent. Entsprechend ist der Anteil der Akademiker an den Beschäftigten bei uns erheblich geringer als in vergleichbaren Ländern: Auf 100.000 Arbeitnehmer zwischen 25 und 34 Jahren kommen in Österreich 2194 Akademiker (davon Frauen: 577), in Deutschland dagegen 2486 (davon Frauen: 713), in der Schweiz sogar 3319 (davon Frauen: 631). Auch typische Länderkonkurrenten Österreichs, wie Belgien, Dänemark oder Finnland, kommen im Durchschnitt auf erheblich bessere Raten (2311, davon Frauen: 1081).

Vorschulbildung: Österreich weit unter Durchschnitt

Der niedrige Frauenanteil bei den jungen Akademikern hierzulande erklärt sich zumindest teilweise damit, dass Österreich auch bei den vorschulischen Betreuungs- und Bildungsangeboten im internationalen Vergleich weit zurückliegt. Es gibt viel zu wenige Krippenplätze für unter dreijährige Kinder; die Ausbildung der Erzieher und die Ausstattung der Kindergärten lassen, gemessen nicht nur an skandinavischen Standards, sehr zu wünschen übrig. Die Folge: Viele junge Frauen, die gern einen Beruf ausüben würden, bleiben gezwungenermaßen zu Hause, um ihre Kinder aufzuziehen. Sie müssen also auf eine akademische Ausbildung verzichten oder stehen dem Arbeitsmarkt trotz guter Qualifikation nicht zur Verfügung.

Dabei kommt dem vorschulischen Erziehungs- und Bildungssektor in der multipolaren Welt auch für die Integration und den Spracherwerb von Migrantenkindern eine besondere Bedeutung zu – gerade in Österreich mit seinem vergleichsweise hohen Anteil ausländischer Arbeitnehmer von 10,4 Prozent (G6: 3,2 Prozent). So ist auch unter Bildungsforschern unstrittig, dass zunächst in die vorschulische Erziehung und Bildung investiert werden muss, damit das Bildungsniveau der Bevölkerung langfristig steigt. Was in den für die Entwicklung vorentscheidenden ersten Lebensjahren versäumt wurde, lässt sich später selbst durch erstklassige schulische Bildungsangebote kaum mehr wettmachen. Zudem hat eine Studie des Nobelpreisträgers James Heckman bewiesen, dass sich Investitionen in die vorschulische Betreuung und Bildung auch volkswirtschaftlich auszahlen. Für diese bahnbrechende Untersuchung wurden Kinder mit unterdurchschnittlichem IQ zufällig ausgewählt und während ihres vierten und fünften Lebensjahrs in einem exzellenten Vorschulprogramm intensiv betreut und gefördert. Das Resultat: Kinder, die in den Genuss dieses Programms kamen, erhielten später deutlich bessere Jobs und wurden erheblich seltener straffällig als Altersgenossen, die an diesem Programm nicht teilgenommen hatten.

Damit auch Österreichs Kinder künftig vom Krippen- bis zum Vorschulalter nach skandinavischen Standards betreut werden können, muss der Staat jedoch nicht nur massiv in Betreuungsplätze, in Ausbildung und Entlohnung des Erziehungspersonals investieren. Davor ist eine grundlegende gesellschaftliche Debatte über die bestmögliche Betreuung, Förderung und Bildung unseres Nachwuchses nötig. Die deutschsprachigen Länder sind durch ein historisch gewachsenes Verständnis von Privatsphäre und Familie geprägt, das sich grundlegend von kulturellen Konzepten etwa der nordeuropäischen Region oder Frankreichs unterscheidet. Kinder bereits ab dem ersten oder zweiten Lebensjahr in Krippen betreuen zu lassen gilt in Frankreich oder Schweden als selbstverständlich, in Deutschland oder Österreich dagegen als liebloses Gebaren von „Rabeneltern". Betreuung, Erziehung und weitgehend sogar die vorschulische Bildung der Kleinen betrachten viele Österreicher, Schweizer und Deutsche noch immer vornehmlich als Aufgabe der Familien, insbesondere der Mütter. Hierdurch aber werden nicht zuletzt soziale Unterschiede verfestigt und von einer Generation zur nächsten weitergegeben: Wer das Glück hat, in eine Mittel- oder Oberschichtfamilie hineingeboren zu werden, erhält vielfältige Anregungen, Förderung und Wissensangebote bereits im Kleinkindalter; Kinder aus sozial benachteiligten Schichten dagegen weisen beim Schulstart meist erhebliche Wissens- und Entwicklungsdefizite auf. Durch ein flächendeckendes, qualitativ hochwertiges Angebot an Kindertagesstätten könnte diese Chancenungleichheit erheblich abgemildert werden. Zugleich könnten zahlreiche junge Mütter so an der Berufswelt teilhaben.

Volks- und weiterführende Schulen: In Österreich wird zu früh selektiert

Dass Österreichs Schüler bei den PISA-Tests lediglich mittelmäßige Platzierungen erreichen, erstaunt Bildungsforscher kaum: Ähnlich wie das deutsche ist auch unser Schulsystem auf viel zu frühe und rigorose Selektion ausgelegt. Nach vier Volksschuljahren dürfen die „Begabten" aufs Gymnasium wechseln, während der Rest die Hauptschule durchläuft. Danach besteht zwar theoretisch für alle Schüler die Möglichkeit, nicht nur an die Polytechnische Schule, sondern ebenso auf eine der beiden höheren Schulformen zu wechseln, die bis zur Matura führen. Aber um nach der Hauptschule auf die AHS-Oberstufe oder auf die Berufsbildende Höhere Schule (BHS) zu gelangen, müssen die Schüler entsprechende Notenspiegel vorweisen und teilweise auch noch Eignungstests bestehen – Zugangsbarrieren, an denen die Hauptschüler oftmals scheitern.

Die Folge: In Österreich erreichen 28 Prozent der Absolventen jeden Jahrgangs lediglich die Pflichtschule als höchsten Abschluss. Und mit diesem Zeugnis erhält man auf dem Arbeitsmarkt kaum mehr einen halbwegs lukrativen, geschweige denn zukunftssicheren Job. Gerade die Stellen für un- oder angelernte Industriearbeiter werden zunehmend in Billiglohnregionen ausgelagert. Unser Schulsystem speist also einen großen Teil der nachwachsenden Jahrgänge mit unzulänglichem Basiswissen ab, das ihre Chancen auf dem Arbeitsmarkt im Voraus massiv beschneidet.

In der Vergangenheit ergab die frühe Auslese einer kleinen Gruppe von „Begabten" durchaus ökonomischen Sinn: Im 18. und 19. Jahrhundert, als die bis heute bestehenden Schulformen im Wesentlichen entstanden, war der gesellschaftliche Bedarf an qualifizierten Nachwuchskräften generell gering – und der Bedarf an höher Qualifizierten noch weitaus kleiner. Doch in unserer heutigen Wissensgesellschaft haben sich die Verhältnisse annähernd umgekehrt. Das Niveau der Mindestqualifikation, die man zur Teilnahme an der Arbeitswelt benötigt, steigt unaufhörlich – und zugleich nimmt der Bedarf an höher und hoch qualifizierten Schul- und Hochschulabsolventen rapide zu.

Folglich muss auch Österreich sein Schulsystem den geänderten Anforderungen der Informationsgesellschaft und des multipolaren Zeitalters dringend anpassen. Während österreichische Schüler bereits nach der Volksschule auf verschiedene Schullevel aufgeteilt werden, wird diese folgenreiche Entscheidung etwa in den USA oder in Spanien bis zum Abschluss der Unterstufe vertagt. Die Vorteile einer späteren Selektion liegen auf der Hand: Auch denjenigen Schülern, die lediglich die Pflichtschule durchlaufen, wird so ein zeitgemäßes Mindestmaß an Wissen und Fertigkeiten vermittelt, die sie für den späteren beruflichen Erfolg benötigen. Zudem könnte dann weitaus mehr Schülern jeden Jahrgangs der Wechsel in eine AHS oder BHS gelingen – auch solchen Kindern, die bislang aufgrund ihrer bildungsfernen Herkunft nur wenig Chancen auf Matura und Studium haben.

Die aktuell diskutierten Ansätze zur Schulreform gehen demnach zwar in die richtige Richtung, aber bei Weitem nicht konsequent genug: Österreichs Lehrer sollen künftig zwei Stunden wöchentlich mehr unterrichten, um kleinere Klassen und bessere Schulausstattung zu ermöglichen. Doch die Verkleinerung der Klassen führt keineswegs zwangsläufig zu besser gebildeten Schülern – das belegen empirisch breit angelegte internationale Vergleichsstudien des Bildungsexperten Prof. Dr. Ludger Wößmann von der Münchner Ludwig-Maximilians-Universität. Auch mit der bloßen Einrichtung einer „Neuen Mittelschule", einer gemeinsamen Schule für 10- bis 14-Jährige, die mit der gegenwärtig debattierten Reform gleichfalls massiv ausgebaut werden soll, wäre es nach einhelliger

Expertenmeinung nicht getan. Die Lehrpläne müssten ebenfalls grundlegend überarbeitet werden – von der stärkeren Förderung sozialer Kompetenzen über ein vermehrtes Fremdsprachenangebot bis hin zur intensivierten Zusammenarbeit der einzelnen Schulen mit Partnerinstitutionen in aller Welt.

Wie man es besser machen kann, lässt sich etwa von den Finnen lernen. In dem skandinavischen Land werden alle Schüler bis zur neunten Klasse gemeinsam unterrichtet. Sie erhalten keine Noten und können auch nicht sitzenbleiben. Das mag auf den ersten Blick nach lähmender Gleichmacherei aussehen, hat aber die genau entgegengesetzte Wirkung: Finnlands Schüler sind Dauer-Champions bei den PISA-Tests.

Studieren in Österreich: zu langwierig, zu teuer

Im internationalen Vergleich fallen auch die österreichischen Hochschulen deutlich ab. Um in der multipolaren Welt bestehen zu können, brauchen wir dringend mehr Wettbewerb zwischen den Universitäten, Leistungsanreize für Hochschullehrer und -forscher sowie private Konkurrenz für die staatlichen Universitäten.

Im OECD-Vergleich schneidet das österreichische Hochschulwesen regelmäßig schlecht ab. Auch bei der alljährlichen Untersuchung der Europäischen Union, wie weit die Mitgliedsländer im sogenannten Lissabon-Prozess – also bei der Steigerung ihrer globalen Wettbewerbsfähigkeit – vorangekommen sind, landet Österreich in der Kategorie „Akademische Ausbildung“ regelmäßig auf dem vorletzten Platz. Das Studium dauert hierzulande überdurchschnittlich lang – 71 Prozent der Hochschulabsolventen in Österreich studierten 2006 fünf bis sechs Jahre lang (EU19: 46 Prozent). Dadurch wird unsere Wirtschaft gleich zweifach belastet: Qualifizierte Absolventen stehen dem Arbeitsmarkt deutlich später als in vergleichbaren Ländern zur Verfügung und die Kosten pro Student, die der Staat aufwenden muss, liegen erheblich höher als im OECD-Durchschnitt (Österreich: 12.476 Euro/Student, OECD: 9720 Euro/Student; Stand 2005).

Angebote bei beruflicher Weiterbildung und Nachqualifizierung ausweiten

Nicht nur in Österreich, sondern in den meisten europäischen Ländern sind zeitgemäße Angebote im Bereich Erwachsenenbildung noch immer Mangelware. Während für Schul- und Hochschulbildung hierzulande der Staat verantwortlich ist, gibt es für die Erwachsenen- und berufliche Weiterbildung keine zentrale Trägerschaft. Das Schlagwort vom lebenslangen Lernen ist populär, aber meist kaum mehr als ein Lippenbekenntnis. Auch dies sind Defizite, die das Wachstum einer wissensbasierten Ökonomie im multipolaren Zeitalter hemmen. Gerade die gering qualifizierten Offshoring-Opfer, die nach weitgehender Auslagerung einfacher Arbeitsbereiche in Billiglohnländer oftmals in die Langzeitarbeitslosigkeit stürzen, könnten von Weiterbildungsangeboten im Erwachsenenalter erheblich profitieren.

Wie sehr auch Österreich von der Auslagerung solcher Jobs in Schwellenländer betroffen ist, lässt sich aus OECD-Erhebungen ableiten. Demnach ging das Angebot an niedrig qualifizierten Arbeitsstellen im Bereich der industriellen Produktion zwischen 1997 und 2004 hierzulande um 25,1 Prozent zurück – im gleichen Zeitraum aber nahm die Zahl der hoch qualifizierten Stellen in diesem Sektor um 45,6 Prozent zu. Auch im Dienstleistungsbereich gingen Arbeitsstellen für Geringqualifizierte, die lediglich Pflichtschulbildung besitzen, verloren; dagegen stieg das Jobangebot für hoch qualifizierte Dienstleister um 28,1 Prozent. Diese Gruppe der Kreativen, Wissenschaftler und Manager, die in analytischem Denken geschult, innovations- und international orientiert sind und über sozialkommunikative Kompetenzen verfügen, sind die typischen Gewinner der Globalisierung. Entsprechend ist in Österreich auch der Anteil der

Hochqualifizierten an den Erwerbstätigen seit den 1970er-Jahren kontinuierlich gestiegen: Besaßen 1971 lediglich 3,1 Prozent der berufstätigen Österreicher einen Hochschulabschluss, so waren es im Jahr 2007 immerhin 9,6 Prozent. Dagegen konnte der Anteil der über 15-Jährigen, die lediglich über Pflichtschulbildung verfügen, von 1971 (62 Prozent) bis 2007 (28,3 Prozent) mehr als halbiert werden.

Doch mit mehr als einem Viertel war der Anteil der über 15-jährigen Personen, die lediglich Pflichtschulbildung besitzen, immer noch deutlich zu hoch. Eine OECD-Studie belegt zudem, dass in Österreich mindestens 25 Prozent der Erwachsenen Leseschwächen haben und ihnen selbst einfachste mathematische Berechnungen Probleme bereiten. Doch gerade Jobs für Personen dieser geringen Qualifikationsstufe sind nach wie vor von Auslagerung in Niedriglohnregionen betroffen – und die Arbeitskräfte oftmals von Dauerarbeitslosigkeit bedroht, da hierzulande nur noch wenige neue Arbeitsplätze mit niedrigem Anforderungsniveau entstehen. Umgekehrt konnten Wissenschaftler aufzeigen, dass der globale Wettbewerbsdruck gerade bei solchen Berufen besonders groß ist, die zu einem Großteil aus repetitiven Routinetätigkeiten bestehen und keinen direkten persönlichen Kontakt mit Geschäftspartnern erfordern. Der österreichische Staat muss also dringend geeignete Programme auflegen, damit Menschen mit Pflichtschulbildung nachträglich die heutzutage erforderlichen Mindestqualifikationen erwerben können.

Österreich verfügt zwar über bewährte Arbeitsmarkt-Instrumente wie beispielsweise die Outplacement-Stiftungen, doch um den durch die Globalisierung vorangetriebenen Strukturwandel sowohl sozialverträglich als auch wirtschaftskonform zu gestalten, reichen diese nicht aus. Denn es ist davon auszugehen, dass sich nach der derzeitigen Wirtschaftskrise die Auslagerung von Arbeitsbereichen und ganzen Industriesektoren in Niedriglohnregionen mit noch höherem Tempo fortsetzen wird. Entsprechend muss der Staat wachsende Gruppen von Globalisierungsverlierern durch geeignete Umschulungsprogramme so effizient wie möglich weiterbilden, damit sie auf dem Arbeitsmarkt eine neue Chance bekommen.

Wissenschaftliche Studien haben bereits Ende der 1980er-Jahre gezeigt, dass sich die Wiedereingliederungschancen von gering qualifizierten Erwerbslosen am ehesten durch Trainings steigern lassen, die auf die Verbesserung möglichst allgemeiner Fähigkeiten abzielen: Je größer das Spektrum der Berufsfelder, in denen sich diese Fertigkeiten einsetzen lassen, desto höher ist auch die Wahrscheinlichkeit, dass der Betreffende nach Abschluss der Umschulungsmaßnahmen einen adäquaten neuen Arbeitsplatz findet. Neben Basiswissen wie Pflichtschul- und Computerkenntnissen sollten die Schulungen bevorzugt solche Fähigkeiten vermitteln, die in nicht oder kaum vom multipolaren Wettbewerbsdruck betroffenen Branchen erforderlich sind – also beispielsweise in ortsgebundenen Arbeitsfeldern wie der Gastronomie, etlichen Handwerksberufen oder im Handel.

Ansiedlungsanreize für multinationale Unternehmen schaffen

Im multipolaren Zeitalter sind viele Unternehmen zu Konzernen mit global verteilten Standorten herangewachsen. Entsprechend muss auch der österreichische Staat ausgefeilte Steuergesetze und Regulierungssysteme entwickeln – vielfach in Zusammenarbeit mit anderen Staaten –, damit die Konzerne nicht durch Maschen im nationalen Regelwerk schlüpfen können, etwa beim Arbeitsrecht oder bei Steuern und Abgaben.

Zugleich muss die Regierung darauf achten, dass Österreich nicht durch Überregulierung oder überzogene Steuerlasten Standortnachteile erleidet. Um den maximalen Globalisierungsgewinn für seine Bürger abzuschöpfen, muss sich das Land nach Berechnungen des Wirtschaftsforschungsinstituts (WIFO) so aufstellen, dass es ein kontinuierliches BIP-Wachstum von über 2 Prozent erzielt. Ab einem durchschnittlichen

Zuwachs von 2,25 Prozent steigt die Zahl der Erwerbstätigen, während bei einem Wachstum unter 2 Prozent der Beschäftigtenstand sinkt – eine Analyse, die durch die derzeit emporschnellenden Arbeitslosenzahlen in dramatischer Weise bestätigt wird.

In der jüngeren Vergangenheit hat der österreichische Staat bereits etliche Maßnahmen ergriffen, um unser Land für multinationale Unternehmen und Investoren attraktiver zu machen. Aber neben der Senkung der Körperschaftsteuer von 34 Prozent auf 25 Prozent im Jahr 2005 und dem Abbau einiger bürokratischer Hürden für Unternehmensgründungen und -neuansiedlungen sind weitere Schritte erforderlich, damit Österreich im internationalen Vergleich besser abschneidet. Allein durch die Senkung von Unternehmensteuern kann sich ohnehin kein Land mehr einen nachhaltigen Standortvorteil verschaffen. Seit Jahrzehnten sind die Steuern auf Firmengewinne weltweit im Sinkflug begriffen; mit einem Satz von derzeit 25 Prozent liegt Österreich knapp über dem EU- und nur wenig unter dem OECD-Durchschnitt (24,2 Prozent beziehungsweise 27,8 Prozent; Stand 2007). Weitere Absenkungen ließen sich wohl nur durch Verschlechterung der Infrastruktur und Sozialabbau beziehungsweise durch Erhöhung indirekter Steuern wie etwa der Umsatzsteuer auf Waren und Dienstleistungen finanzieren. Doch durch solche – in Krisenzeiten ohnehin nicht praktikablen – Maßnahmen würden wiederum die Attraktivität des Standorts für ausländische Arbeitnehmer beziehungsweise Arbeitsproduktivität und Kaufkraft der Bevölkerung beeinträchtigt.

Dagegen lässt sich die Attraktivität des österreichischen Standorts für einheimische und ausländische Unternehmen deutlich steigern, indem der Staat durch eigene F&E-Investitionen und Steueranreize die Clusterbildung von Hightech-Unternehmen, Hochschulen und privaten Forschungsinstituten fördert: Solche lokalen Netzwerke bieten die besten Voraussetzungen für Innovationen, einen der wichtigsten Schlüssel zum Markterfolg in der multipolaren Welt.

F&E-Ausgaben erhöhen

Die F&E-Quote der Unternehmen und der Hightech-Anteil an Wertschöpfung und F&E-Ausgaben zählen im multipolaren Zeitalter zu den stärksten Wachstumstreibern. Unternehmen mit hoher Innovationskraft wachsen in den OECD-Staaten deutlich schneller als nicht innovative Firmen – und zwar beim Umsatz ebenso wie bei der Beschäftigtenzahl. Durch Spill-over-Effekte profitiert dabei nicht nur das innovative Unternehmen selbst, sondern oftmals ein ganzes Netzwerk von regionalen Forschungsinstituten, Zulieferbetrieben und anderen Unternehmen, die zur Nachahmung oder zum Wetteifern stimuliert werden. Auf diese Weise entsteht ein innovationsfreundliches Klima, das wiederum weitere Unternehmen und Institute zur Ansiedlung veranlasst. Der Staat muss diesen Trend gezielt verstärken, indem er seine eigenen F&E-Investitionen steigert und auf Technologien mit besonders hohem Innovationspotenzial setzt. Denn die Zeiten, in denen Österreich trotz struktureller Defizite durch Technologieimport ein überdurchschnittliches Wachstum erzielen konnte, sind unwiederbringlich vorbei.

In den 1990er-Jahren hat der österreichische Staat mit einer Aufholjagd begonnen, um seinen Rückstand bei F&E gegenüber anderen EU-Ländern wettzumachen: Zwischen 1997 und 1999 investierte die öffentliche Hand 150 Millionen Euro in Forschungs- und Entwicklungsprojekte. Das 2001 ins Leben gerufene „Sonderförderprogramm für Forschung, Technologie und Innovation“ wurde bis 2006 mit insgesamt 1,1 Milliarden Euro ausgestattet. Außerdem wurde die Nationalstiftung für Forschung, Technologie und Entwicklung gegründet, die seit 2004 F&E-Projekte mit jährlich 125 Millionen Euro fördert. 2005 beschloss die österreichische Regierung überdies, fünf Jahre darauf eine weitere „Technologiemilliarde“ auszuschütten. Zudem wurde die indirekte Forschungsförderung stark ausgebaut. Die Unternehmen erhalten seither Forschungsfreibeträge von 25 bis 35 Prozent und können zusätzlich eine 8-prozentige Forschungsprämie beanspruchen.

Tatsächlich konnte die österreichische F&E-Quote durch dieses Maßnahmenbündel von lediglich 1 Prozent (1995) auf 2,54 Prozent (2007) gesteigert werden. Um aber das in Lissabon formulierte EU-Ziel zu erreichen und die F&E-Quote bis 2010 auf 3 Prozent weiter anzuheben, muss der österreichische Staat seine Anstrengungen nochmals beträchtlich intensivieren: Nach einem Wachstum der Forschungsquote um durchschnittlich 8,5 Prozent zwischen 1997 und 2007 müsste sie im Durchschnitt der Jahre 2008 bis 2010 um beträchtliche 11 Prozent zulegen.

Noch stuft die Europäische Kommission in ihrem „European Innovation Scoreboard 2008" Österreich lediglich als Innovation Follower ein, jedoch bereits auf Platz 7 in einem Ranking von 34 verglichenen Ländern – unmittelbar hinter dem Sextett der Innovation Leaders, zu denen Schwergewichte wie Großbritannien (Platz 6) und Deutschland (4) sowie die Innovationsmusterländer Dänemark (5), Finnland (3), Schweden (2) und die Schweiz (1) zählen. Bewertet wurden insgesamt 29 Einzelfaktoren, darunter die Versorgung mit Breitbandinternetanschlüssen, der Bevölkerungsanteil mit Hochschulabschluss sowie die F&E-Quote der öffentlichen Hand und der Privatwirtschaft.

Die Momentaufnahme macht deutlich, dass Österreich seinen Rückstand zu den führenden Innovationsstandorten seit den 1990er-Jahren beträchtlich verringern konnte. Volkswirtschaften von vergleichbarer Größe wie Finnland oder die Schweiz investieren zwar nach wie vor erheblich mehr in F&E, aber dafür kooperieren hierzulande Unternehmen und wissenschaftliche Institutionen besonders gut. Überdies floss in Österreich 2007 mehr als ein Drittel der F&E-Investitionen in unternehmensbezogene Forschung.

Um jedoch weiter zur Gruppe der Innovation Leaders aufzuschließen, muss Österreich noch beträchtliche strukturelle Defizite überwinden:

1. Die staatlichen Forschungsgelder, die 2008 in Unternehmen flossen, kamen fast ausschließlich einigen wenigen Großunternehmen zugute: Die Mehrheit der österreichischen Firmen ist im Bereich F&E noch viel zu wenig aktiv. Innovationsprozesse sind nur in einem Bruchteil der einheimischen Unternehmen verankert.
2. Die Grundlagenforschung spielt in Österreichs F&E-Laboren eine zu geringe Rolle; angewandte Forschung und experimentelle Entwicklung dominieren. Entsprechend sind Österreichs Unternehmen derzeit besonders gut bei sogenannten inkrementellen Innovationen, also bei der sukzessiven Verbesserung bestehender Produkte oder Technologien – jedoch hapert es bei der kompletten Neuentwicklung von Technologien.
3. Der strukturelle Wandel von der Schwerindustrie zu innovationsintensiveren Sparten wie Automobilindustrie, IT und Medien ist zwar seit den 1990er-Jahren vorangekommen, doch gegenüber vergleichbaren Ländern wie Schweden oder der Schweiz liegt Österreich noch immer deutlich zurück.
4. Das gesamtgesellschaftliche Klima ist hierzulande nach wie vor viel weniger innovationsfreundlich als in den Ländern, die der Gruppe der Innovation Leaders angehören: Die Akademikerquote ist zu niedrig, das Schulsystem für soziale Aufsteiger zu wenig durchlässig, die Vernetzung von Universitäten und Wirtschaft allzu weitmaschig. Überdies sind die bürokratischen Hürden für Gründung und Wachstum von Start-up-Unternehmen höher als in vergleichbaren Ländern.

Damit österreichische Firmen künftig durch innovative Produkte und Dienstleistungen im multipolaren Wettkampf weiter zur Weltspitze aufschließen können, muss der Staat die Transformation des Landes zum Premiumstandort für Hightech-Unternehmen noch sehr viel stärker als bisher fördern. Hierfür ist es notwendig, dass ein deutlich größerer Anteil staatlicher Forschungsgelder in die Grundlagenforschung gelenkt wird. Nur so lassen sich die Weichen dafür stellen, dass hiesige Unternehmen künftig eigenständige Spitzentechnologien kreieren können, anstatt bestehende Lösungen lediglich zu adaptieren und weiterzuentwickeln.

Darüber hinaus muss der Staat die Ausstattung der universitären Forschungsinstitute verbessern, damit auch ausländische Top-Wissenschaftler für den F&E-Standort Österreich gewonnen werden können. Auch die gezielte Clusterförderung ist ein wertvolles staatliches Instrument, um die Innovationskraft und Wettbewerbsfähigkeit der einheimischen Wirtschaft im multipolaren Konkurrenzkampf zu stärken.

Clusterbildung fördern

Klassische US-Beispiele für erfolgreiche Cluster sind Seattle mit dem Flugzeugbauer Boeing im Zentrum, das von Zulieferbetrieben, hoch spezialisierten Entwicklungslaboren und Forschungsinstituten umgeben ist, oder Silicon Valley, das kalifornische Hightech-Eldorado, das aus der Zusammenarbeit zwischen der Universität Stanford und lokalen Waffenschmieden hervorgegangen ist.

Viele Wissenschaftler sind überzeugt davon, dass die Clusterbildung ein wesentlicher Wettbewerbsvorteil und letztlich der entscheidende Anreiz für multinationale Unternehmen sein kann, sich in der betreffenden Region anzusiedeln. Auch aktuelle OECD-Studien zeigen, dass Firmen, die innerhalb von Clustern angesiedelt sind, eine bessere Performance aufweisen als ihre Mitbewerber.

Für die politisch Verantwortlichen ist es allerdings nicht ganz einfach, zu entscheiden, in welcher Branche (zum Beispiel Biotechnologie, Automobilindustrie, erneuerbare Energien etc.) die Clusterbildung durch Ansiedlungsanreize gefördert werden soll und auf welche Regionen man sich am besten konzentriert – auf strukturschwache Gebiete oder auf „Leuchtturm"-Regionen, um diese durch weitere Förderung zu

Exzellenzzentren zu entwickeln. Nachdem verschiedene Staaten bei dem Versuch, durch Clusterförderung weitere Silicon Valleys zu erschaffen, eher ernüchternde Erfahrungen gesammelt haben, empfehlen viele Wissenschaftler mittlerweile, staatliche Fördermaßnahmen auf die Bereitstellung der regionalen Infrastruktur zu konzentrieren, die für die Clusterbildung erforderlich ist.

Durch das österreichische Innovationsprogramm TIP (Technologie- und Innovationspartner) werden bereits seit 1992 gezielt regionale Cluster gefördert. Aus einer Studie der Wirtschaftskammer geht hervor, dass die in Österreich angesiedelten Cluster im Jahr 2007 mehr als 3500 Unternehmen umfassten und mit etwa 420.000 Beschäftigten beachtliche 80 Milliarden Euro Umsatz erwirtschaften. Als internationales Vorzeigemodell gilt etwa der steirische Automobilcluster AC Styria, der durch die Kooperation dreier steirischer Großunternehmen im Automobilsektor möglich wurde – Steyr-Daimler-Puch Fahrzeugtechnik, Chrysler Eurostar und AVL List. 44.000 Beschäftigte innerhalb des Clusters erzielten 2006 einen Gesamtumsatz von 9,3 Milliarden Euro. Das Beispiel illustriert allerdings auch die Gefahren jeder Clusterbildung: Gerät der betreffende Wirtschaftssektor in Schwierigkeiten, so kann dies den Absturz einer ganzen Region bedeuten, wie die aktuelle Krise zeigt.

Aufgrund der neuen technologischen Möglichkeiten hat die unmittelbare räumliche Nähe der beteiligten Betriebe und Institute allerdings an Bedeutung verloren. Als Cluster in einem übertragenen Sinn kann heutzutage auch ein Netzwerk von Betrieben und Forschungsinstituten funktionieren, das innerhalb einer ausgedehnten Region wie dem EU-Raum geknüpft worden ist. Als kleines Hightech-Land in der Mitte der Europäischen Union sollte Österreich zusätzlich seine Position innerhalb solcher EU-weiter Cluster durch gezielte Fördermaßnahmen stärken – ein Konzept, das auch der offiziellen EU-Politik entspricht.

Entsprechend mahnte der EU-Kommissar für Unternehmen und Industrie, Günter Verheugen, in einer Rede während der österreichischen

EU-Präsidentschaft 2006: „So wie sich Unternehmen zunehmend internationalisieren, müssen auch Cluster zukünftig enger zusammenarbeiten, um ‚kritische Masse' zu bekommen." Als Musterbeispiel für erfolgreiche Clusterbildung im EU-Maßstab gilt die Luftfahrtindustrie mit dem deutsch-französischen Flugzeugbauer Airbus als Kristallisationszentrum. Mit ihrer 2005 gegründeten Europe INNOVA-Initiative will die Europäische Union nicht zuletzt die Bildung weiterer Mega-Cluster auf europäischer Ebene fördern, um so die Innovationskraft der europäischen Wirtschaft als wichtigsten Erfolgsfaktor im multipolaren Wettbewerb zu stärken.

Die österreichische Politik muss also an die guten Ansätze bei der Clusterbildung anknüpfen und diese massiv ausbauen, um österreichische Unternehmen bei ihrem Weg in die multipolare Welt zu unterstützen.

Mehr Freizügigkeit beim Transfer von Top-Arbeitskräften

Die Überalterung der Gesellschaften wird für Unternehmen und Sozialsysteme in Europa zunehmend brisant: Immer weniger Erwerbstätige müssen immer mehr Personen im Ruhestandsalter durch ihre Einkünfte mitfinanzieren. Zugleich zeichnet sich bereits derzeit in der „Alten Welt" vielerorts ein Mangel an Fachkräftenachwuchs in Schlüsselbranchen ab. Währenddessen verlassen etwa in Osteuropa, Indien oder Südamerika immer mehr gut ausgebildete junge Nachwuchsingenieure oder -naturwissenschaftler die Hochschulen – und viele von ihnen sind prinzipiell bereit, für einen gut bezahlten Job mit entsprechenden Karrierechancen nach Westeuropa zu übersiedeln. Die Staaten der alten Wohlstandsregionen müssen also möglichst gezielt Anreize schaffen, damit die von den einheimischen Unternehmen benötigten Top-Fachkräfte auf ihr Territorium übersiedeln.

Von dieser Entwicklung ist auch Österreich in hohem Maß betroffen. Überdies wandert Jahr für Jahr ein nicht unbeträchtlicher Teil der österreichischen Leistungselite aus, weil sie jenseits der Grenzen bessere Lebens- und Karrierechancen sehen. Doch die Chance, den demografischen Wandel und den Fachkräftemangel hierzulande durch Zuwanderung zumindest abzumildern, wird von unserem Staat derzeit noch viel zu wenig genutzt.

Ingenieure und Informatiker, Naturwissenschaftler und Manager stehen auf dem heimischen Arbeitsmarkt schon heute vielfach nicht mehr ausreichend zur Verfügung. Damit Österreichs Unternehmen ihren Bedarf an Spitzenkräften dennoch decken können, muss der Staat dafür sorgen, dass es für ausländische Top-Talente einfacher und attraktiver wird, in Österreich zu arbeiten. Nach dem Vorbild der USA, von Kanada oder Singapur brauchen wir dringend eine gesetzliche Regelung, die Top-Arbeitskräften aus dem Ausland für einen gewissen Zeitraum ohne langwierige bürokratische Prozeduren Ansiedlung und Erwerbstätigkeit in Österreich erlaubt. Bleibt diese Öffnung aus, könnten österreichische Unternehmen schon in naher Zukunft gezwungen sein, etwa ihre Entwicklungsabteilungen nach Indien oder China auszulagern: Dort sind bestens ausgebildete Spezialisten nach wie vor zu höchst moderaten Arbeitskosten verfügbar.

Einen Schritt in die richtige Richtung stellt die Novelle im Ausländerbeschäftigungsgesetz mit den „Sonderbestimmungen für die Neuzulassung als Schlüsselkräfte" aus dem Jahr 2005 beziehungsweise die aktualisierte Neufassung vom 1.1.2008 dar. Wer aufgrund dieser Richtlinien ein (vorerst auf 18 Monate befristetes) Visum erhalten will, muss allerdings erst einmal nachweisen, dass er eine Vielzahl gesetzlicher Kriterien erfüllt. So muss eine Schlüsselkraft besondere Kenntnisse und Berufserfahrung besitzen, für die es am österreichischen Arbeitsmarkt entsprechende Nachfrage gibt. Zudem kann man das Visum nur für Jobs ab einer gewissen Bruttolohnhöhe beantragen (2412 Euro monatlich; Stand Anfang 2009). Überdies muss der Antragsteller aus einer Liste zusätzlicher Voraussetzungen noch wenigstens eine weitere erfüllen: Seine Beschäftigung in

Österreich muss für die betreffende Region oder den betroffenen Teilarbeitsmarkt von besonderem Interesse sein, zur Entstehung neuer Arbeitsplätze beitragen oder den Transfer von Investitionskapital ins Inland nach sich ziehen. Wenn keine dieser Bedingungen erfüllt werden kann, muss der Betreffende zumindest eine Führungsfunktion in dem Betrieb, der ihn anheuern will, ausüben oder einen Hochschul- beziehungsweise Fachhochschulabschluss oder eine sonstige besonders anerkannte fachliche Qualifikation besitzen. Diese Beschränkungen gelten jedoch nicht für Arbeitskräfte aus den EU-Mitgliedsstaaten: Sofern sie die Kriterien für Schlüsselkräfte erfüllen, genießen sie Sichtvermerks- und Niederlassungsfreiheit und erhalten eine quotenfreie Beschäftigungsbewilligung als Schlüsselkraft.

Um negative Auswirkungen auf die einheimischen Beschäftigten auszuschließen, legt die Regierung zudem jährlich fest, wie viele Visa vergeben werden. So hätten 2735 ausländische Schlüsselkräfte 2008 in Österreich eine Arbeitserlaubnis für eineinhalb Jahre erhalten können – aber lediglich 909 machten von dieser Möglichkeit Gebrauch. Wie es aussieht, ist die Regelung viel zu bürokratisch und restriktiv, um Spezialisten aus Mangelberufen eine befristete Übersiedelung nach Österreich schmackhaft zu machen – auch wenn die Höchstzahl möglicher Bewilligungen zwischen 2006 und 2008 mehr als verdoppelt wurde.

Ohnehin steht Österreich aus historischen Gründen eher in dem Ruf, ein Zielland für gering bis mittelmäßig qualifizierte Arbeitskräfte zu sein. Und überdies kam die zaghafte Öffnung des österreichischen Arbeitsmarktes für Top-Fachkräfte im Jahr 2005 reichlich spät: Die indischen IT-Spezialisten beispielsweise, die man vielleicht um die Jahrtausendwende oder davor noch mit einer Greencard nach Österreich hätte locken können, verdienen mittlerweile in ihrem Heimatland kaum weniger als in Westeuropa oder den USA. Und etliche Dienstleistungsunternehmen mit Sitz in Mumbay oder Bangalore, die im Boom der letzten zwei Jahrzehnte zu globalen Branchenriesen aufgestiegen sind, wetteifern längst ihrerseits in aller Welt um die höchstqualifizierten Nachwuchskräfte.

Es bleibt also die zentrale politische Aufgabe für unseren Staat, bei vorhandenen guten Ansätzen zur Gewinnung hoch qualifizierter ausländischer Arbeitskräfte anzuknüpfen und diese konsequent und umfassend auszubauen.

Sozialstaat und Bürokratie modernisieren

Kinderbetreuung und soziale Sicherung, Gesundheitssystem und Altenpflege: Auf diesen Gebieten gibt es in Österreich ebenfalls großen Handlungsbedarf.

Vereinbarkeit von Familie und Beruf verbessern

Bei der Vereinbarkeit von Familie und Beruf hat Österreich erhebliches Verbesserungspotenzial. Noch immer gibt es viel zu wenige Kindergartenplätze, geschweige denn Krippenplätze für Unterdreijährige, die es Frauen mit kleinen Kindern erlauben würden, ihren Beruf weiter auszuüben.

Durch den Mangel an adäquaten Kinderbetreuungsplätzen werden Frauen in der österreichischen Arbeitswelt immer noch massiv benachteiligt. Denn in der Regel sind es nach wie vor die Mütter, die sich um die Kindererziehung kümmern. Doch bereits aufgrund des demografischen Wandels und des zunehmenden Fachkräftemangels in einigen Schlüsselbranchen ist es für Österreich unabdingbar, dass der Anteil weiblicher Arbeitskräfte bereits in naher Zukunft deutlich steigt.

Sozialleistungen treffsicher und effizient gestalten

Ein weiteres brisantes Problem, um das sich der Staat verstärkt kümmern muss, ist die wachsende Armut in unserem Land. Der österreichische Staat gibt erhebliche Beträge für Sozialleistungen aus – doch die Transferzahlungen verfehlen oftmals ihr Ziel.

Generell müssen die Staaten im multipolaren Zeitalter ihre Bürger durch effiziente soziale Sicherungssysteme vor den Wechselfällen der globalisierten Wirtschaft wirksam schützen. In ihrem Bericht über „Europäische Werte in der globalisierten Welt“ aus dem Jahr 2005 geht die Europäische Kommission auf die Problematik der Globalisierungsverlierer ein: Arbeitnehmer, die durch Jobverlagerung in Billiglohnregionen ihre Existenzgrundlage verlören, müssten gezielte Hilfen zur Wiedereingliederung in den Arbeitsmarkt erhalten. „Unsere Firmen profitieren von offenen Märkten und technischer Innovation innerhalb und außerhalb der EU. Aber wir müssen den einzelnen Menschen beistehen, indem wir diejenigen, deren Arbeitsplätze verschwinden, mit den richtigen Maßnahmen unterstützen und ihnen helfen, einen neuen Arbeitsplatz zu finden.“ In der Folge wurde in Brüssel ein Fonds zur Anpassung an die Globalisierung (EGF) geschaffen, aus dem EU-Länder seit 2007 Beihilfen zur Finanzierung entsprechender Qualifikationsprogramme erhalten können, sofern es bei ihnen zu globalisierungsbedingten Massenentlassungen gekommen ist. Bezuschusst werden Aus- und Weiterbildungsangebote für Offshoring-Opfer, beispielsweise IT-Kurse; aber aus dem Fonds, der 2007 über ein Budget von 500 Millionen Euro verfügte, können auch Mobilitätsbeihilfen oder Zuschüsse für benachteiligte oder ältere Arbeitnehmer finanziert werden, damit diese im Arbeitsprozess bleiben oder dorthin zurückkehren.

Für die finanzielle Unterstützung von Arbeitslosen und allgemeine Weiterbildungsmaßnahmen müssen zwar nach wie vor die einzelnen EU-Staaten aufkommen. Doch mit dem EGF berücksichtigt die europäische Sozialpolitik erstmals einen Aspekt, der in den USA seit den 1980er-Jahren diskutiert wird und dort beispielsweise zum Trade Adjustment Assistance Program geführt hat: Arbeitnehmer, die ihre Jobs infolge des internationalen Freihandels verlieren, müssen anders behandelt werden als solche, die durch eigenes Verschulden oder aus sonstigen Gründen erwerbslos werden. Die Anpassungslasten der Volkswirtschaft dürfen ihnen nicht allein oder überwiegend aufgebürdet werden – vielmehr ist der Staat dazu verpflichtet, diese Globalisierungsopfer durch Qualifizierungsmaßnahmen möglichst rasch wieder in den Arbeitsmarkt einzugliedern. Diese staatliche Pflicht lässt sich nicht nur moralisch, sondern auch ökonomisch begründen: Personen, die mangels angemessener Ausbildung nicht erwerbstätig sein können, stehen der Volkswirtschaft weder als Arbeitskräfte noch als Steuerzahler und Konsumenten zur Verfügung.

Das Gesundheitssystem durchgreifend reformieren

Da die Bevölkerung aufgrund des demografischen Wandels zunehmend vergreist, wird überdies die Reform unseres Gesundheits- und Altenpflegesystems immer dringlicher. Zum einen werden wir in Zukunft länger arbeiten, also auch länger gesund für den Arbeitsmarkt verfügbar bleiben müssen, damit uns schmerzliche Einschnitte in unsere Renten erspart bleiben. Zum anderen brauchen wir erheblich mehr Pflegeplätze für alte Menschen.

Insgesamt muss das Gesundheitssystem grundlegend umgestaltet werden. Zuständigkeiten, die derzeit auf Bund, Länder und Gemeinden verteilt sind, müssen in einer Hand gebündelt werden, damit Finanzierung und Steuerung künftig zentral und sowohl länder- wie ministerienübergreifend erfolgen können. Institutionen wie der Rechnungshof oder die Sozialpartner haben dazu Maßnahmen und Lösungsmöglichkeiten erarbeitet – die Regierung sollte sie aufgreifen und umsetzen.

Verwaltung effizienter gestalten

Diese Fülle an Aufgaben und Herausforderungen auf dem Weg in die multipolare Welt kann der Staat nur dann bewältigen, wenn er seine eigenen Strukturen und Prozesse effizienter gestaltet. Überfällig ist in Österreich eine Verwaltungsreform, welche die Kompetenzen von Bund und Ländern neu ordnet und Zuständigkeiten – etwa im Gesundheitssystem – bündelt, um Entscheidungsprozesse zu beschleunigen und Verwaltungskosten zu senken.

Die staatliche Administration muss sich auch hierzulande zum Dienstleister wandeln, dessen Effizienz und Bürgernutzen durch PSV-Management (Public Service Value, dt.: öffentliche Wertschöpfung) gesteuert und gemessen wird. Im März 2009 kritisierte der ehemalige Rechnungshofpräsident Dr. Franz Fiedler in einem Presseinterview: „Österreichs Verwaltung ist gut, aber zu teuer." Überfällig sei eine grundlegende Aufgabenreform. Anstatt lediglich zu prüfen, ob die staatliche Verwaltung die ihr übertragenen Aufgaben auch richtig ausführe, müsse man zunächst einmal „erheben, ob es überhaupt die richtigen und sinnvollen Aufgaben sind, die ihr übertragen wurden. Eine kritische Aufgabenrevision als Vorstufe für einen schlankeren Staat mit strafferen Strukturen und weniger Staatsdienern ist daher unabdingbar."

Zudem müssen nachgeordnete Verwaltungsebenen und Behörden aktiver als bislang miteinander und mit den Bürgern kooperieren – so wie das derzeit bereits beim eGovernment vorbildlich gelingt (siehe Seite 194). Hierfür ist es erforderlich, dass in Österreich eine sektorenübergreifende Steuerung nach den Prinzipien professionellen Projektmanagements eingeführt wird, beispielsweise durch Etablierung eines Programm Managements Office (PMO). Themenbezogene Task Forces sollten bei aktuellen Problemen mit dringlichem Handlungsbedarf ein genau definiertes Durchgriffsrecht erhalten – beispielsweise eine „Task Force Pflege" oder eine „Task Force Bürokratieabbau".

Umdenken in der Energiepolitik

Die meisten Bürger und Regierungen rund um den Globus stimmen mittlerweile der wissenschaftlichen Mehrheitsmeinung zu: Umweltschäden und Klimawandel, hervorgerufen durch menschlichen Raubbau an den natürlichen Ressourcen, haben bedrohliche Dimensionen angenommen. Mit einem täglichen Verbrauch von 85 Millionen Barrel Öl leert die Menschheit die fossilen Energiereserven in schwindelerregendem Tempo – und vergiftet Umwelt und Atmosphäre mit immer größeren Mengen an Kohlendioxid. Die multipolar werdende Weltgemeinschaft muss unverzüglich gegensteuern, ehe wir unsere Lebensgrundlagen unwiederbringlich zerstört haben.

Als wald- und gewässerreiches Land hat Österreich gerade bei den grünen Energieträgern gegenüber vielen anderen Staaten einen deutlichen Standortvorteil. Doch bislang nutzen wir diese Chance, unsere Energieabhängigkeit zu verringern, noch bei Weitem nicht entschlossen genug. Dabei könnten österreichische Unternehmen, die frühzeitig auf grüne Technologien setzen, in lukrativen Zukunftsbranchen zur globalen Weltspitze vorstoßen. Das zeigt etwa das Beispiel unseres großen Nachbarn: Bei der Forschung und Entwicklung ebenso wie bei der industriellen Anwendung von Solarenergie zählen deutsche Institutionen und Unternehmen heute zu den globalen Champions.

Wie die Biomasseverbände vorrechnen, wird der Megawattstunden-Preis für Gas demnächst bereits bei über 120 Euro liegen, die CO2-Zertifikate für die umweltbelastende Stromherstellung aus fossilen Energieträgern, die von den Stromkunden gleichfalls zu bezahlen sind, nicht mitgerechnet. Dagegen kostet einheimischer Windstrom schon derzeit lediglich 80 Euro/MWh – in diese preisgünstigere und umweltneutrale Energieform gilt es zu investieren, statt den Gaskraftwerksektor weiter auszubauen.

Österreich muss die Wärmeerzeugung mittels Erdöl und – im nächsten Schritt – mittels Erdgas schnellstmöglich reduzieren; stattdessen muss in Solarthermie, Biomasse und Abwärme als Quellen von Niedertemperaturwärme investiert werden. Zudem muss die Politik gezielt Energiesparanreize schaffen: Durch Wärmedämmung in Gebäuden und durch

Bevorzugung von Autos mit gezügeltem Spritdurst lassen sich erhebliche Kosten einsparen.

Mangels ausreichender Anbauflächen kann Österreich bei den Treibstoffen für Autos und Lkw gewiss nicht gänzlich auf Biosprit umschwenken. Doch die Weichen müssen schleunigst gestellt werden, damit unser Land zumindest 10 Prozent seines Treibstoffbedarfs aus agrarischen Rohstoffen gewinnen und so für etwaige Krisen vorsorgen kann.

Es bleibt also festzuhalten: Der österreichische Staat muss durch gesetzliche und andere Anreize nachhaltige Energiegewinnung (Wasserkraft, Geothermie etc.) und Ressourceneffizienz intensiv fördern, um so die Versorgung von Unternehmen und Haushalten mit erschwinglicher Energie langfristig zu sichern.

Wo Österreich heute schon Vorreiter ist – das Beispiel eGovernment

Bei Hightech und Innovationen befindet sich unser Land seit den 1990er-Jahren auf Aufholjagd, doch in mehr als einer Disziplin ist Österreich heute schon spitze – und zwar keineswegs „nur" beim Fremdenverkehr.

Ein gutes Beispiel ist das eGovernment. In einer vergleichenden Untersuchung zu Umfang und Qualität öffentlicher Online-Services, die von der Europäischen Kommission alljährlich in Auftrag gegeben wird, landete Österreich im September 2007 zum zweiten Mal in Folge auf Platz 1 – diesmal vor einem erweiterten Verfolgerfeld von 30 europäischen Ländern. Verglichen wurden die EU27-Staaten sowie Island, Norwegen, die Schweiz und die Türkei. Dabei ging es vor allem um Differenziertheit und Online-Verfügbarkeit der staatlichen Services. Die Resultate: In der ersteren Disziplin kam Österreich auf 99 Prozent, in der zweiten sogar auf 100 Prozent – keiner der beiden Werte wurde auch nur von einem einzigen anderen Land erreicht.

In der Kategorie „Differenziertheit“ verglichen die Forscher, wie viele von insgesamt fünf möglichen Levels bei den Online-Services für Bürger und Unternehmen zur Verfügung standen: von der bloßen elektronischen Information (1) über Download-Angebote (2), online ausfüllbare Formulare (3) und vollständige elektronische Fallabwicklung (4) bis hin zum Level personalisierter vollautomatischer Transaktion (5) zwischen Behörden und Bürgern beziehungsweise Unternehmen. Die getesteten Servicebereiche umfassten

- Einkommensangelegenheiten: Steuern, Abgaben, Umsatzsteuer, Zoll
- Meldewesen: Autos, Unternehmen, Geburt und Heirat, Übersiedlung, Statistik
- öffentliche Dienstleistungen: Gesundheitswesen, Bibliotheken, Ausschreibungen, Polizei, Arbeitsagentur, Wohlfahrt
- Genehmigungen und Lizenzen: Bauwesen, Reisedokumente, Erziehung, Umwelt

Nicht für jede dieser Transaktionen zwischen Bürgern beziehungsweise Unternehmen und dem Staat ist der höchste Servicelevel 5 erforderlich: Für Jobangebote, die Anmeldung eines Autos oder für eine Baugenehmigung reicht Level 4, also die vollständige elektronische Fallabwicklung, aus. Eine Anzeige bei der Polizeibehörde lässt sich sogar auf Level 3 abwickeln, indem man schlicht ein elektronisches Formular ausfüllt und sich durch seine elektronische Signatur identifiziert. Dagegen können die Bürger Einkommensteuererklärungen nur dann vollständig auf elektronischem Weg abgeben, wenn die Finanzbehörde sie zusätzlich durch personalisierte automatische Prozesse (Level 5) mit allen für ihren individuellen Fall erforderlichen Informationen und elektronischen Formularen versorgt. Auch öffentliche Leihbibliotheken oder die Ausgabestelle für

Personalausweis und Führerschein müssen über Online-Service bis hinauf zum fünften Level verfügen.

Ein solches bedarfsgerechtes und umfassendes Angebot stellt der österreichische Staat seinen Bürgern zu 99 Prozent und seinen Unternehmen sogar zu 100 Prozent zur Verfügung. Bei den eServices für Unternehmen erreichten mit der Tschechischen Republik, Malta und Portugal immerhin drei Mitbewerber denselben Wert, bei den elektronischen Angeboten für seine Bürger aber lag Österreich deutlich vor dem Verfolgerfeld, das selbst in der Spitze lediglich auf 90 Prozent kam. Im Einzelnen hebt die Studie beim Gesamtsieger folgende Highlights hervor:

- Als erster und einziger Staat erreichte Österreich hundertprozentige Online-Verfügbarkeit seiner staatlichen Services: Jede Interaktion zwischen Behörden und Bürgern beziehungsweise Unternehmen, die im Rahmen der Studie geprüft wurde, konnte elektronisch abgewickelt werden.
- Bei der Differenziertheit der Services erhielt Österreich nur deshalb einen Abzug von 1 Prozent, weil bei der Beantragung von Familienbeihilfe (Kindergeld) und bei der Nutzung öffentlicher Leihbibliotheken der erforderliche fünfte Level noch nicht verfügbar war.
- Bei den restlichen fünf Level-5-Services dagegen, wie Steuererklärung oder Beantragung von persönlichen Dokumenten, erhielten Österreichs Bürger und Unternehmen bereits vollautomatische personalisierte Informationen, in denen sie rechtzeitig auf einzuhaltende Fristen hingewiesen wurden, mitsamt einem Link zu dem Online-Portal, wo sie die erforderliche Prozedur elektronisch abwickeln konnten.
- Österreich kam somit bei den Level-5-Services auf einen Wert von 71 Prozent – fast doppelt so viel wie der Durchschnitt der geprüften Länder (36 Prozent).

- Positiv hebt die Studie auch das zentrale Online-Portal (www.help.gv.at) hervor, über das fast drei Viertel aller staatlichen eServices erreichbar sind und in dem sich auch weniger geübte Nutzer leicht zurechtfinden. Moniert wurde lediglich, dass das Portal noch keine Personalisierung erlaubt, also die Einrichtung eines persönlichen Mail-Accounts und Logins.
- Geburts- und Heiratsurkunden müssen Österreicher dank eGovernment nicht mehr vorlegen: Das zentrale Melderegister versendet diese Dokumente automatisch an die betreffenden Behörden. Zugleich hat jeder Bürger das Recht, alle über ihn gespeicherten Daten einzusehen und ggf. durch Vorlage von Dokumenten zu korrigieren oder zu aktualisieren.

Beim eGovernment liegt Österreich somit deutlich vor seinen wichtigsten Länderrivalen. Innovations-Musterland Finnland schneidet hier ebenso klar schlechter ab (Differenziertheit: 81 Prozent, Online-Verfügbarkeit: 68 Prozent) wie Norwegen (88 Prozent beziehungsweise 79 Prozent), Belgien (80 Prozent beziehungsweise 60 Prozent) oder die Schweiz (60 Prozent beziehungsweise 20 Prozent). Unser Land sollte diesen Vorsprung unbedingt offensiv nutzen, um sein Image international zu stärken. Mit einem solchen Markenzeichen kann sich Österreich im multipolaren Konkurrenzkampf um Top-Fachkräfte ebenso wie um Unternehmensansiedlungen und ausländische Direktinvestitionen als innovationsfreundliches Hightech-Land und offene, moderne Gesellschaft mit bürgerfreundlicher Verwaltung positionieren.

Nachhaltige Krisenbewältigung

Die aktuelle Finanz- und Wirtschaftskrise konfrontiert den Staat mit weiteren brisanten Problemen. Was kann die Politik tun, um das Industrie-

und Technologieland Österreich ohne allzu schwere Blessuren durch die Krise zu steuern?

Die Versuchung, nun um kurzfristiger Effekte willen Milliarden auszugeben, ist groß – aber die Politiker sollten äußerst verantwortungsvoll mit dem Geld der Steuerzahler umgehen. So betont auch Prof. Dr. Ewald Nowotny, Gouverneur der Oesterreichischen Nationalbank (OeNB), Anfang 2009 im Gespräch, dass die von der österreichischen Regierung beschlossenen Maßnahmen gegen die Finanz- und Wirtschaftskrise prinzipiell sinnvoll seien. Das Konjunkturpaket und der Bankenschutzschirm zeigten, dass die Wirtschaftpolitik aus früheren Fehlern gelernt habe – vor allem aus der prozyklischen Konjunkturpolitik, durch die 1929 die Weltwirtschaftskrise noch verschärft worden sei. Doch Prof. Nowotny fügt hinzu, dass man sich nach seiner persönlichen Überzeugung im Wesentlichen auf die Kreditwirtschaft konzentrieren müsse. „Das ist sozusagen der Blutkreislauf der Wirtschaft. Der muss auf jeden Fall aufrechterhalten bleiben." Fragwürdig findet der OeNB-Chef dagegen staatliche Interventionen für einzelne Industriebereiche. „Wenn es für einzelne Unternehmen oder Branchen keine sinnvolle Langfristperspektive gibt, ist es wahrscheinlich vernünftiger, sozial verträgliche Formen der Restrukturierung zu finden, als etwas ohne Perspektive weiterzuführen."

Auch Investitionen in die Infrastruktur hält Prof. Nowotny als Wachstumsmotor für wenig geeignet – anders als in den USA mit ihrem ungleich größeren Nachholbedarf bei Straßen, Schienen oder Schulgebäuden. „Wir in Österreich", erklärt er, „haben im Bereich Forschung und Entwicklung eine schlechtere Ausgangslage. Daher ist es aus der strukturellen Sicht vernünftig, hier zu investieren."

Dr. Veit Sorger, Präsident der Industriellenvereinigung (IV), stimmt dieser Einschätzung zu. Sehr viel erfolgversprechender als kurzfristig wirkende Konjunkturmaßnahmen wie die Verteilung von Konsumgutscheinen sind aus seiner Sicht gezielte Investitionen in Forschung und Entwicklung, in Bioenergie und andere grüne Technologien: „Wir brauchen gerade als kleines Land und damit als Nischenplayer die richtigen Strukturen, um erfolgreich bleiben zu können." Der IV-Generalsekretär Mag. Markus Beyrer fordert in diesem Zusammenhang, „die Nationalstiftung für Forschung mit den notwendigen Mitteln auszustatten". Gerade in der derzeitigen Krise „können wir es uns nicht leisten, dass auch nur ein einziges Forschungsprojekt in der angewandten, wirtschaftsnahen Forschung nicht verwirklicht wird".

Zudem sollte der österreichische Staat gerade in der aktuellen Krisensituation in neue Wasserkraftwerke investieren. Auf diese Weise ließe sich die Abhängigkeit des Landes von russischen Gaslieferungen verringern, und zugleich erhielten Industriezweige, die unter dem Konjunktureinbruch in besonderer Weise leiden, einen spürbaren Nachfrageschub – allerdings nur dann, wenn die Regierung die Genehmigung derartiger Projekte vorübergehend durch ein Sondergesetz erheblich beschleunigt.

Auch über die Energieversorgung hinaus sollte der Staat gerade in Abschwungzeiten verstärkt in grüne Technologien investieren – von stromsparenden Computerchips bis hin zu energieeffizienten Elektrohaushaltsgeräten. Der Staat könnte durch gezielte Förderung dazu beitragen, dass österreichische Unternehmen ihre führenden Positionen bei grünen Technologien zu sichern oder sogar noch auszubauen vermögen.

Insgesamt kommt es bei staatlichen Maßnahmen zur Krisenbekämpfung vor allem auf Augenmaß und Nachhaltigkeit an. Interventionen der öffentlichen Hand dürfen „nicht zu Diskriminierungen von Unternehmen aus anderen Branchen führen", betont auch Veit Sorger. Und statt „reiner Überbrückungshilfen" braucht die Wirtschaft „Maßnahmen zur Förderung von Diversifikation, welche die Wettbewerbsposition unserer Unternehmen verbessern", so der IV-Präsident.

Es wird also deutlich: In der Krise muss der österreichische Staat sich zwar mit klugen Konjunkturprogrammen verstärkt engagieren – gegebenenfalls abgestimmt auf europäischer beziehungsweise supranationaler

Ebene. Die fünf zentralen nationalen Aufgabenfelder einer Politik, welche die Unternehmen bei ihrem Weg in der multipolare Welt unterstützt, bleiben aber letztlich die gleichen, wie sie auch ohne die Krise unbedingt bewältigt werden müssen – Förderung von Bildung und beruflicher Weiterbildung, Förderung von Erfindungs- und Innovationskraft, Verbesserung der Investitionsbedingungen, Kaufkraftstärkung und schließlich die langfristige Ressourcensicherung.

4. Was Unternehmen, Staat und Arbeitnehmer konkret tun können

Die multipolare Welt, so hat dieses Buch deutlich gemacht, entsteht rasant, mit großer Wucht und unaufhaltsam. Österreich und seine Unternehmen sind Teil dieses gewaltigen und faszinierenden Veränderungsprozesses – der sich infolge der gegenwärtigen Wirtschaftskrise noch beschleunigen wird.

Die Zeichen der Zeit zeigen das bereits jetzt mit großer Symbolkraft: Westliche Finanzzentren wanken, etliche Staaten der alten Triade aus USA, Japan und Europäischer Union sind überschuldet – dagegen können neue Wirtschaftsmächte wie China, die Golfstaaten oder Singapur ihre Konjunkturprogramme aus den immensen Devisenreserven bezahlen. Sie und viele andere Schwellenländer wachsen weiter oder werden mit großer Wahrscheinlichkeit die Krise deutlich schneller hinter sich lassen als die Triade-Länder – und auch danach wird aufgrund unterschiedlicher Wachstumsraten mittel- bis langfristig die wirtschaftliche und politische Machtverschiebung weitergehen.

Seit den 1990er-Jahren haben österreichische Unternehmen vielfältige und überwiegend positive Erfahrungen mit der Expansion in Richtung

Osten gesammelt. Nur dort aktiv zu sein wird in Zukunft aber nicht mehr genügen, denn die größeren und nachhaltigeren Wachstumspotenziale liegen andernorts. Etliche Firmen mit Stammsitz in Österreich verfügen auch schon über Niederlassungen und Vertriebsnetze in den BRIC+2-Ländern und anderen neuen Boomregionen der multipolaren Welt. Gerade sie sind gut aufgestellt – und wenn sie ihren Weg in die multipolare Welt konsequent, zügig und flexibel weitergehen, haben sie gute Chancen, etwa in der besonders attraktiven Pazifikregion zumindest mittel- bis langfristig weiter auf der Wachstumswelle zu surfen, die sich dort wohl nur vorübergehend abgeschwächt hat.

Auch Österreich als Wirtschaftsstandort ist in der multipolaren Welt teilweise bereits recht gut aufgestellt – aber Staat und Politik müssen noch zahlreiche Maßnahmen ergreifen, damit österreichische Unternehmen und Arbeitnehmer im globalen Konkurrenzkampf wettbewerbsfähig bleiben und damit unser Land für Investoren, Unternehmen und Top-Arbeitskräfte aus aller Welt noch attraktiver wird.

Und schließlich ist es für jeden Einzelnen – ob Arbeitnehmer oder Freiberufler, Student oder Manager – höchste Zeit, sich vor allem noch selbstverantwortlicher als bisher auf die neue Wirklichkeit einzustellen, um die neuen Herausforderungen zu verstehen und die vielfältigen Chancen zu nutzen, die sich Firmen und Individuen im multipolaren Zeitalter bieten.

Zum Abschluss werden daher die wichtigsten, aus den Argumenten dieses Buches abzuleitenden Empfehlungen für österreichische Unternehmen, den Staat und die Individuen in einem kompakten Überblick verdichtet.

Österreichische Unternehmen in der multipolaren Welt: Fünf Handlungsempfehlungen

1. Kampf um Top-Arbeitskräfte

Österreichs Unternehmen mangelt es an qualifizierten Arbeitskräften – eine Folge der zu geringen Effizienz des Bildungssystems und der Überalterung unserer Gesellschaft. Ausländische Firmen werben außerdem österreichische Experten ab und um hoch qualifizierte Zuwanderer ist längst ein weltweiter Wettkampf entbrannt, bei dem Länder mit offener Sozialstruktur und fremdenfreundlichem Klima oftmals den Vorzug erhalten. Vor diesem Hintergrund sollten österreichische Unternehmen

- noch stärker als bisher selbst ausbilden und bei der Nachwuchsschulung mit den lokalen Hochschulen kooperieren;
- Auslandsaufenthalte und intensive berufliche Weiterbildung ihrer Mitarbeiter fördern – von Fremdsprachen- über EDV-Kurse bis hin zu Persönlichkeitsentwicklung und Führungskräftetraining;
- gezielt weibliche Beschäftigte anheuern und fördern;
- durch Betriebskindertagesstätten und flexible Arbeitszeitregelungen die Vereinbarkeit von Beruf und Familie erleichtern;
- ihren Bedarf an Top-Arbeitskräften auch im Ausland decken – durch Verlagerung von Unternehmenseinheiten jenseits der Landesgrenzen beziehungsweise durch Anwerbung ausländischer Spezialisten für Arbeitsplätze in Österreich;
- einzelne Abschnitte der Wertschöpfungskette gezielt dorthin verlagern, wo die jeweiligen Arbeitsschritte am besten und kostengünstigsten erledigt werden können;

- die zunehmende kulturelle Vielfalt der Belegschaft durch einen gemeinsamen Wertekanon, regelmäßige Mitarbeitertreffen und intensive Vernetzung der global verteilten Standorte managen.

2. Kampf um Kapital

Global operierende westliche Unternehmen müssen besondere Anstrengungen unternehmen, um im zunehmend härter geführten multipolaren Wettkampf um Kapital für potenzielle Investoren attraktiv zu sein. Nicht erst durch die derzeitige Finanz- und Wirtschaftskrise ist Investitionskapital zu einem knappen Gut geworden – schon davor floss das Kapital bevorzugt in die neuen Boomregionen – zum Nachteil der Unternehmen mit triadischem Stammsitz. Um sich dennoch mit dem erforderlichen Kapital zu versorgen, sollten österreichische Unternehmen

- F&E-Einheiten und Produktionsstätten weltweit dorthin verlagern, wo öffentliche oder private Investoren Kapital anbieten;
- strategische Bündnisse mit Partnern in neuen Märkten eingehen;
- um Investoren aus den neuen Boomregionen werben;
- durch Innovationen, Marketing- oder Imagekampagnen Kursfantasien beflügeln;
- Unternehmensanteile an mehreren Börsen platzieren;
- auch als Mittelständler den – professionell vorbereiteten – Gang zur heimischen Börse wagen.

3. Kampf um Ressourcen

Die Preise für Rohstoffe und Energien mögen krisenbedingt in den Keller gerutscht sein, doch langfristig kennen sie nach wie vor nur eine Richtung: steil bergauf. Im Zeichen des drohenden Klimawandels legen zudem die Verbraucher zunehmend Wert auf nachhaltige Produkte. Unternehmen, die frühzeitig auf den grünen Trend setzen, können ihre Marktanteile sichern oder steigern und ihr Markenimage stärken. Vor diesem Hintergrund müssen österreichische Unternehmen

- die Energieeffizienz in allen Geschäftsbereichen steigern und verstärkt auf die Nachhaltigkeit von Produkten und Produktionsprozessen setzen, um ihre Kosten zu senken und Bezugs- und Preisrisiken zu verkleinern;
- ihre Abhängigkeit von Energie- und Rohstofflieferanten verringern, indem sie verstärkt auf erneuerbare Energien setzen und – wo immer möglich – Ressourcen-Autarkie anstreben;
- durch integriertes Ressourcen- und Umweltmanagement ihr Image bei Konsumenten und Arbeitnehmern stärken und sich zugleich rechtzeitig auf die rigideren Umweltrichtlinien einstellen, mit denen sich die Staaten weltweit gegen die drohende Klimakatastrophe stemmen werden;
- aktives Ressourcen-Risikomanagement betreiben, also Reserven bilden und rechtzeitig für Ersatzlieferanten sorgen, falls beispielsweise ein Land seine Grenzen für bestimmte Rohstoffe schließt oder ein Zulieferer wichtiger Bauteile wegen Insolvenz plötzlich ausfällt.

4. Kampf um Konsumenten

Bislang exportiert Österreichs Wirtschaft fast drei Viertel (72,2 Prozent) ihrer Waren und Dienstleistungen in den EU-Raum, in die neuen Boomregionen Asiens dagegen nur bescheidene 6,9 Prozent und nach Lateinamerika sogar nur minimale 1,1 Prozent. Um in der multipolaren Welt auf ihrem Heimatmarkt ebenso wie in den hochdynamischen neuen Märkten erfolgreich zu sein, müssen Österreichs Unternehmen

- heimische Marktanteile gegen die Billigkonkurrenz aus Asien oder Lateinamerika verteidigen – im unteren Segment notfalls durch eine Kombination aus Qualität und aggressiver Preisfindung;
- ihre einseitige Fokussierung auf „alte" EU-Länder (insbesondere Deutschland) und Osteuropa überwinden und ihre Exporte in die neuen Boomregionen (BRIC+2) massiv steigern, da nur dort noch langfristiges Wachstum möglich ist;
- in den Schwellenländern weniger kaufkräftige Kunden mit preisgünstigen Einsteigerangeboten erobern und die Mittelschichtskonsumenten zugleich durch Premiumprodukte gewinnen.

5. Kampf um Innovationen

Erfindungen sind der wichtigste Schlüssel zum Markterfolg in der multipolaren Welt – zumal für Unternehmen aus dem Hochlohnland Österreich, die bei den Lohnkosten niemals mit Rivalen aus den neuen Boomregionen konkurrieren können. Derzeit entfällt der größte Teil unternehmensbezogener staatlicher Forschungsausgaben hierzulande noch auf einige wenige Großunternehmen. Unser Land braucht aber sehr viel mehr Firmen mit Erfindergeist und Innovationsorientierung. Die österreichischen Unternehmen müssen daher

- ihre F&E-Budgets erhöhen und für ein innovationsfreundliches Klima im Unternehmen sorgen, das die Entwicklung neuer Ideen und Erfindungen seitens der Mitarbeiter fördert und fordert;
- den fortdauernden Mangel an einheimischen Patenten und Erfindern wettmachen, indem sie Ideen und Erfindungen weltweit gezielt scouten und zukaufen;
- durch unternehmenseigene Web-2.0-Plattformen den Wissensaustausch unter den Mitarbeitern fördern, diese in Entwicklungspro-

zesse einbeziehen und die „Schwarmintelligenz" der Belegschaft für die Entwicklung neuer Ideen nutzen;

- ihren F&E-Fokus zumindest teilweise von der angewandten Forschung und experimentellen Entwicklung auf Grundlagenforschung verschieben, da die Entwicklung vollkommen neuer Technologien weitaus werthaltiger ist als die bloße Weiterentwicklung bestehender Technologien oder Produkte;
- durch sorgfältiges Monitoring die Effizienz ihrer F&E und die Marktrelevanz von Patenten und Pilotprodukten überwachen, um sicherzustellen, dass nicht an Kundenwünschen vorbei entwickelt wird;
- ein professionelles Innovationsmanagement installieren, das die schnelle Umsetzung von Erfindungen in maßgeschneiderte Produkte und Services gewährleistet – für Österreichs Konsumenten ebenso wie für ausländische Märkte rund um den Globus.

Wie der Staat helfen kann: Fünf-Punkte-Programm für die österreichische Politik

In der multipolaren Welt können Österreichs Unternehmen nur dann nachhaltig erfolgreich sein, wenn auch der Staat seine Hausaufgaben macht. Entsprechend den Disziplinen des multipolaren Fünfkampfs, dem sich Staaten und Unternehmen stellen müssen, zielt ein Fünf-Punkte-Programm auf die wichtigsten politischen Aufgabenfelder:

1. Konkrete Hilfe beim Wettbewerb um Arbeitskräfte

- Die Bildungs- und Ausbildungsangebote müssen hierzulande erheblich verbessert werden, um die Akademikerquote zu erhöhen, dem

Fachkräftemangel in Schlüsselbranchen entgegenzuwirken und die Wettbewerbsfähigkeit österreichischer Schul- und Hochschulabsolventen auf dem globalen Arbeitsmarkt zu stärken.

- Auch bei den Weiterbildungsangeboten ist der Staat im multipolaren Zeitalter in besonderer Weise gefragt: Die Bürger müssen in die Lage versetzt werden, das erforderliche Wissen zu erwerben, um beim weltweiten Wettbewerb um die besten Jobs mitzuhalten. Offshoring-Opfer, die meist nur über Pflichtschulbildung verfügen, müssen Gelegenheit und Anreize zur Nachqualifizierung erhalten, um sich anschließend wieder in den Arbeitsmarkt eingliedern zu können.
- Internationale Top-Arbeitskräfte müssen freien Zugang zu einheimischen Arbeitsplätzen erhalten. Für ausländische Spitzentalente aus Branchen mit Fachkräftemangel müssen zudem gezielt Übersiedlungsanreize geschaffen werden.
- Bei den Betreuungsangeboten für Unterdreijährige liegt Österreich ebenso wie bei der Vorschulbildung im OECD-Vergleich weit zurück: Beide Bereiche müssen qualitativ wie quantitativ skandinavischen oder französischen Standards angenähert werden.
- Der österreichische Staat als Arbeitgeber muss mit Blick auf die demografische Überalterung in Ämtern und Behörden effizientere Arbeitsprozesse einführen. Der Staat muss zudem ein transparentes Einstellungskonzept entwickeln, um für einheimische Berufsanfänger attraktiver und kalkulierbar zu werden.

2. Konkrete Hilfe beim Wettbewerb um Kapital

- Auch nach Überwindung der Wirtschafts- und Finanzkrise wird Kapital knapper sein als noch vor wenigen Jahren. Die öffentliche

Hand muss durch Förderung der Entstehung von Clustern und ihrer Vernetzung – auf nationaler Ebene und mit europäischer Vernetzung – gezielt Ansiedlungsanreize schaffen, damit Österreich für in- und ausländische Investoren attraktiver wird.

- Der Staat muss seine Investitionen in Forschung und Entwicklung deutlich steigern, um ausländische Unternehmen zur Ansiedlung zu bewegen.
- Auch durch Senkung der öffentlichen Verwaltungskosten und Bürokratieabbau muss der Staat die Anziehungskraft des Standorts für Investoren steigern.
- Schließlich muss der Staat das Sozial- und Gesundheitssystem so modernisieren, dass es die erforderlichen Leistungen für Bürger und Unternehmen zu wettbewerbsfähigen Kosten und mit maximaler Treffsicherheit erbringt.

3. Konkrete Hilfe beim Wettbewerb um Ressourcen

- Durch strategische und innovative Bündnisse mit Lieferländern und in internationalen Organisationen muss der Staat die langfristige Versorgung von Unternehmen und Haushalten mit erschwinglicher Energie sichern.
- Zudem muss der Staat durch Anreize und Gesetze nachhaltige Energiegewinnung (Wasserkraft, Geothermie etc.) sowie Ressourceneffizienz im industriellen wie im privaten Sektor noch stärker fördern und fordern.

4. Konkrete Hilfe beim Wettbewerb um Konsumenten

- Der Staat muss der wachsenden Abhängigkeit unserer Volkswirtschaft von den aufstrebenden Märkten Rechnung tragen – durch strategische Zusammenarbeit mit diesen Ländern auf internationaler Ebene und durch konsequentes Eintreten für den Abbau von Handelsbarrieren.
- Im Inland muss der Staat die Kaufkraft der Konsumenten durch Senkung von Steuern und Abgaben stärken – durch Bürokratieabbau und effizientere Verwaltungsstrukturen lassen sich noch erhebliche Kosten einsparen.

5. Konkrete Hilfe beim Wettbewerb um Innovationen

- Der Staat muss die Erfindungs- und Innovationskraft der hiesigen Unternehmen durch massive Investitionen in Bildung sowie in Forschung und Entwicklung stärken. Langfristiges Ziel: Österreich wird zum Innovationsführer.
- Bei der Forschungsförderung muss der Staat darauf achten, dass die Investitionen nicht nur einigen Großunternehmen zugute kommen, sondern zugleich die Clusterbildung begünstigen sowie neben der angewandten Forschung und experimentellen Entwicklung gezielt auch die Grundlagenforschung fördern.

Mehr Selbstverantwortung: Fünf Chancen für Individuen in der multipolaren Welt

1. Offen für andere Kulturen

Die multipolare Welt ist nicht nur schnell, sondern auch bunt und multikulturell, denn in ihren Unternehmen arbeiten Menschen aus allen Erdteilen und den unterschiedlichsten Herkunftsländern zusammen. Silo-Denken hilft da nicht weiter. Von Studienreisen und -aufenthalten über Berufstätigkeit in verschiedenen Ländern sollte deshalb jeder Einzelne so früh wie möglich jede Gelegenheit nutzen, um andere Kulturen kennenzulernen und seinen Horizont zu erweitern. Denn um in der multipolaren Arbeitswelt Erfolg zu haben, muss er heutzutage imstande sein, sich in höchst „diverse" Teams und Belegschaften zu integrieren.

2. Fremdsprachen

Das setzt voraus, dass die Arbeitnehmer mehr als nur ihre Muttersprache beherrschen – ohne profunde Englischkenntnisse sind heute nicht einmal mehr bescheidene Karrieren möglich. Doch auch Spanisch und asiatische Sprachen wie Mandarin werden im multipolaren Zeitalter immer wichtiger. Das Credo muss also lauten: Sprachen lernen, je früher und je mehr, desto besser, mit Englisch als Minimum.

3. Lebenslang lernen

In der heutigen Informationsgesellschaft veraltet das Wissen immer schneller: Was Ingenieur- oder Naturwissenschaftstudenten auf der Hochschule lernen, ist nach wenigen Jahren bereits zu einem guten Teil durch neue Erkenntnisse und Technologien überholt. Um ihr Wissen zu aktualisieren, bleibt den Einzelnen im multipolaren Zeitalter nichts anderes übrig, als sich laufend fortzubilden. Aber auch um seinen Wert auf dem Arbeitsmarkt und seine Jobchancen im In- und Ausland zu steigern, sollte sich der Einzelne kontinuierlich weiterqualifizieren.

4. Ohne IKT geht gar nichts

Die multipolare Welt findet zu einem beträchtlichen Teil im virtuellen Raum statt: Statt persönlich nach Mumbay oder Shenzhen, Rio oder Dubai zu reisen, loggen sich die Mitarbeiter multinationaler Unternehmen zu Cyber-Meetings im firmeneigenen Intranet ein. Auch Arbeitsteams, die über den ganzen Erdball verstreut sind – und bei denen Einzelne möglicherweise als Freelancer nur temporär dabei sind – arbeiten häufig mit vernetzter Software gemeinsam an technologischen, Forschungs- oder Managementprojekten. Ebenso verlagern Unternehmen ihre Fortbildungsangebote immer häufiger ins Internet, wo die Mitarbeiter an eLearning-Programmen teilnehmen. Um berufliche Herausforderungen in der multipolaren Welt meistern zu können, muss der Einzelne imstande sein, Datenbanken und Software, Informations- und Kommunikationsnetze des digitalen Zeitalters souverän zu nutzen.

5. Soziale Kompetenz

Die meisten Unternehmens- und Arbeitsprozesse finden heute in Teams statt und die kulturelle Vielfalt der Teammitglieder ist in der multipolaren Welt sehr groß. Arbeitnehmer müssen daher auch über Einfühlungsvermögen und Toleranz, Konflikt- und Kommunikationsfähigkeit verfügen, um in der heutigen Arbeitswelt erfolgreich zu sein. Jede Möglichkeit, seine soziale Kompetenz zu verbessern, sollte der Einzelne daher nutzen. Teamfähigkeit bedeutet jedoch keineswegs, auf den eigenen Standpunkt zu verzichten – im Gegenteil: Teams arbeiten dann am besten zusammen, wenn jedes Mitglied sich dort entschieden einbringt, wo es selbst kompetent ist, und sich dort zurücknimmt, wo andere qualifizierter sind. Arbeitnehmer und Manager, die zu solchem Selbstmanagement – das soziale Kompetenz und Ich-Stärke balanciert – imstande sind, können ihrer Zukunft mit Zuversicht entgegensehen: Sie sind für den multipolaren Wettbewerb um die spannendsten und lukrativsten beruflichen Herausforderungen bestens gerüstet.

Dank

Dieses Buch ist das Ergebnis einer großen gemeinsamen Anstrengung vieler. Mein besonderer Dank geht zunächst an die Verantwortlichen in Unternehmen und Institutionen, mit denen aufschlussreiche und inspirierende Interviews geführt wurden: KR Martin Essl, Vorstandsvorsitzender der bauMax AG; Dr. Peter Pichler, Vorstandsvorsitzender der Berndorf AG; Ing. Otto Schuster, Global Manager Marketing, Sales & Services der Fronius International GmbH; Univ.-Prof. Dr. Ewald Nowotny, Gouverneur der Oesterreichischen Nationalbank; KR Julian Wagner, Vorstandsvorsitzender der Rosenbauer AG; Dr. Christian Ebner, Generalsekretär von Strabag SE; Mag. Christian Kern, Mitglied des Vorstands von Verbund (Österreichische Elektrizitätswirtschafts-AG); Dr. Wolfgang Reithofer, Vorstandsvorsitzender der Wienerberger AG; Josef Zotter, Geschäftsführer der Zotter Schokoladen Manufaktur GmbH; Dr. Andreas Ludwig, Vorstandsvorsitzender der Zumtobel AG.

Mein großer Dank gilt auch Sandra Bauer von Accenture, die eine maßgebliche Rolle beim Aufsetzen des Buchprojekts spielte, bei der alle Recherche- und Organisationsfäden reibungslos zusammenliefen und die für das effiziente interne Projektmanagement verantwortlich war. Außerdem danke ich dem Accenture-Team, das tatkräftig bei Recherchen, Interviews, Organisation und inhaltlicher Diskussion mitwirkte, damit dieses Buch Wirklichkeit werden konnte: Sebastian Firlinger, Jakob Grünewald,

Rudolph Koch, Teresa Künigl-Julinek, Bernhard Mühlreiter und Michael Zettel.

Schließlich danke ich in besonderem Maße Dr. Oskar Mennel, der sich als Leiter des Linde Verlags für dieses Projekt sofort begeisterte und es entschlossen in sein Programm holte, sowie Mag. Theresa Weiglhofer.